Taschenschmöker aus Vergangenheit und Gegenwart

Taschenschmöker aus Vergangenheit und Gegenwart

Neu und wieder aufgelegt

Berlin 2015

Der Geist von Down Hill

Eine Kriminalerzählung von

Edgar Wallace

Aus dem Englischen von Meiko Richert

Edition Dornbrunnen

Taschenschmöker aus Vergangenheit und Gegenwart

Deutscher Text nach der Originalausgabe

Übersetzung aus dem Englischen von Meiko Richert
(The Ghost of Down Hill)

Korrekturen und Lektorat: Michael-Peter Jachmann

Die Deutsche Nationalbibliothek verzeichnet diese Publikation in der Deutschen Nationalbibliografie; detaillierte bibliografische Daten sind im Internet über
http://dnb.d-nb.de
abrufbar.

1. Auflage 2015

ISBN 978-3-943275-15-5

Sven-R. Schulz, Dornbrunner Straße 16, 12437 Berlin
www.edition-dornbrunnen.de
Titelgestaltung: Sven-R. Schulz unter Verwendung einer Zeichnung
von Florian Gelbmann

Druck und Vertrieb: Book on Demand GmbH, Norderstedt
PNTS16

Inhalt

Kapitel I
Der Mann, der Sparbücher suchte

Es war natürlich Zufall, dass Margot Panton in der Nacht der Heimsuchung zu Gast bei Mrs. John Staines war; es war ebenfalls ein Zufall, dass sie mit Jeremiah Jowlett ein Abteil des 16:57 Uhr-Zuges nach Arthurton teilte. Und doch war es ganz selbstverständlich, dass sie ihre Reise in der Stadt unterbrechen sollte, um sich der Gastfreundschaft ihres alten Kindermädchens zu erfreuen. Genauso selbstverständlich war es, dass Jeremiah und sie gemeinsam mit dem einzigen Schnellzug fahren sollten, den Jerry immer nahm, sommers wie winters, sofern er nicht außerhalb Londons unterwegs war oder Beweise gegen irgendeinen Übeltäter sammelte. Jerry war Rechtsanwalt und hatte seinen Schreibtisch im Büro des Staatsanwalts.

»Meine Liebe«, sagte Martha Staines in aufrichtiger Bewunderung. »Hätte ich dich doch bloß nie gekannt!«

Margot, die schlanke, bezaubernde Gestalt in einem Sessel vor dem Feuer zusammengerollt, hob mahnend ihre Teetasse.

»Sag mir nicht, dass ich ordentlich gewachsen bin, Martha«, sagte sie feierlich. »Seit ich mich erinnern kann, bin ich immer ›ordentlich gewachsen‹, dabei merke ich davon gar nichts.«

»Nun bist du also da, Margot.« Martha Staines schüttelte den Kopf und seufzte.

Die Mutter des Mädchens war acht Monate zuvor gestorben und hatte ihr verwaistes Kind in der Obhut eines abwesenden Schwagers zurückgelassen. Martha dachte an das traurige, schmale Gesicht der Dame zurück, der sie so lange gedient hatte, und an jene glücklichen Tage in Royston, als Margot noch das engelhafteste aller Babys gewesen war.

»Dein Onkel ist also zurück, Margot?«

Das Mädchen nickte, einen vergnügten Schimmer in den Augen.

»Es ist ziemlich komisch, einen Vormund zu haben, den man nie sieht!«, sagte sie. »Ich frage mich, was er mit mir anfangen will, wenn ihn das Reisefieber wieder packt.«

Martha schüttelte den Kopf. Sie war eine stämmige, gutaussehende Frau von fünfundvierzig Jahren. Ihr Wohlstand hatte weder ihre gute Laune noch ihre Manieren ruiniert.

»Wo war er denn diesmal?«, fragte sie.

Margot nahm einen Brief aus der Tasche und studierte ihn.

»Oberer Amazonas«, sagte sie. »Ich werde dir den Brief vorlesen:

›Liebe Margot,
ich war betrübt, bei meiner Rückkehr vom Ableben meiner armen Schwester zu erfahren. Aus den Briefen deiner Anwälte ersehe ich, dass ich zu deinem Vormund ernannt wurde. Ich hoffe, du wirst dich in Arthurton nicht langweilen. Ich bin ein ziemlich alter Kauz und interessiere mich für sehr wenig außer Geologie und Spiritismus, doch du sollst deine eigene Herrin sein. Ich werde dich Dienstagabend erwarten.

Dein dich liebender Onkel, James Stuart.‹«

»Spiritismus«, sagte Martha nachdenklich. »Das klingt lebhaft.«

Das Mädchen lachte und stellte die Tasse auf den Tisch. Sie war in einem Alter, in dem selbst die übernatürlichen Phänomene des Lebens amüsant erscheinen.

Mr. Staines kam ein paar Minuten später herein. Er war ein breiter Mann mit einem roten, jovialen Gesicht und stämmiger Statur. Er brachte einen schwachen Kieferngeruch mit, und der Staub der Sägemühle lag wie Pulver auf seinen Schuhen.

»Es ist ein schöner Landstrich, in den Sie reisen, Miss Panton«, sagte er, während er seinen Tee umrührte. »Ich kenne ihn sehr gut. Wie heißt Ihr Onkel?«

»Stuart«, sagte das Mädchen. »Mr. James Stuart.«

Er nickte.

»Ich kenne auch sein Haus, ein großes Anwesen am Fuße des Hügels mit einem herrlichen Garten – in der richtigen Jahreszeit. Zur Zeit wird es ganz unter Schnee begraben sein.«

Er kratze sich am Kinn.

»Ja, ich kann mich an ihn erinnern, ein richtiger Gentleman. Er stand im Ruf, ein wenig exzentrisch zu sein, falls Sie es mir nicht übelnehmen, wenn ich das sage, Miss.«

»Er ist ein Spiritist, Staines«, sagte Martha.

»Ein Spiritist, ja?« Mr. Staines kicherte.

»Nun, dann hat er jede Menge Geister, an denen er in Arthurton üben kann. Er kann es ja mal mit dem Geist der Down Hill-Farm versuchen.«

»Das klingt aufregend«, sagte das Mädchen mit großen Augen. »Erzählen Sie mir von dem Geist der Down Hill-Farm, Mr. Staines.«

»Nun, ich selbst habe die Farm nie gesehen – Mutter, ich nehme noch eine Tasse Tee – aber ich habe jede Menge darüber gehört«, sagte Mr. Staines. »Eigentlich gibt es gar keine Down Hill-Farm. Vor etwa achtzig Jahren gab es mal eine, aber jetzt ist alles umgebaut, und davor gab es dort eine Priorei oder ein Kloster oder etwas in der Art. Das ist es, wo der Geist herkommt. Ich habe mir die Mühe gemacht, die lange Geschichte des Ortes zu lesen«, erklärte er fast entschuldigend. »Daher kenne ich die Daten. 1348 wurden das Land und der Kontinent von einer schrecklichen Seuche heimgesucht, der halb England zum Opfer fiel. Sie brach in der Priorei aus; ein Mönch aus Yorkshire brachte sie nach Arthurton. Als die Dorfbewohner hörten, dass sie die Pest hatten, ließen sie das Kloster bewachen und erlaubten niemandem, zu kommen oder zu gehen. Alle Mönche starben, bis auf einen, und der pflegte jede Nacht herauszukommen und um das Gebäude zu wandeln. Nach einiger Zeit starb auch er. Er ist der Geist von Down Hill – sie haben aufgehört, es eine Farm zu nennen – und ich habe alte Männer getroffen, die sagen, sie hätten ihn gesehen.«

»Wie lieblich!«, sagte das Mädchen verzückt. »Glauben Sie, dass er auch für mich umgehen wird?«

»Nun, Miss«, sagte Staines augenzwinkernd, »wenn er nicht für Sie umgeht, dann wohl für niemanden«, und sein Lachen ließ die Karaffen auf der Anrichte erzittern.

Plötzlich wurde er ernst und wandte sich an seine Frau.

»Habe ich dir von diesem Fall in Eastbourne erzählt, Mutter?«, fragte er.

»Nein, mein Lieber, das hast du nicht«, sagte seine Frau geschäftig, während sie das Teegeschirr vom Tisch räumte.

»Hatte ich nicht mal von einem Mann namens Wheeler gesprochen?«

Mrs. Staines schüttelte den Kopf.

»Doch, da bin ich ganz sicher«, sagte Staines. »Wie auch immer, es spielt ja keine Rolle. Er ist jetzt im Vermessungsbüro in Eastbourne, aber ich kannte ihn schon, als er noch Angestellter bei einem der größten Architekten Südenglands war. Ein sehr netter Kerl.«

»Nun, was ist mit ihm?«, fragte Mrs. Staines.

»Hör dir das an.«

Mr. Staines fummelte in seiner Tasche herum und brachte schließlich einen Kneifer hervor, den er an seiner Nase befestigte; dann entfaltete er die Abendzeitung und las nach kurzer Suche:

> »Ein außerordentliches Ereignis ist aus Eastbourne berichtet worden. Mr. Joseph Wheeler vom Vermessungsbüro Borough saß Samstagabend in seinem Zimmer, die Familie war in der Kirche, als ein maskierter Mann erschien und, Mr. Wheeler mit einem Revolver bedrohend, die Herausgabe seiner Bankunterlagen und anderer persönlicher Geschäftsbücher verlangte. Glücklicherweise hatte Mr. Wheeler die Bücher zur Hand und übergab sie unter Protest. Der Eindringling befahl dann seinem Opfer, sich mit dem Gesicht zur Wand zu drehen, während er die vorgezeigten Sparbücher untersuchte. Die Untersuchung dauerte fünf

Minuten; anschließend verschwand der Maskierte so plötzlich, wie er gekommen war.«

»Nun, hm, was hältst du davon?«, sagte Mrs. Staines, aufrichtig beeindruckt.

»Ich dachte, es würde aufregender werden«, sagte das Mädchen enttäuscht. »Er hätte wenigstens eine mit Blut geschriebene Nachricht hinterlassen sollen.«

In dieser Nacht ging sie früh zu Bett. Sie hatte eine ermüdende Reise gehabt, und Mrs. Staines, ihrem Mann den Tagesabschluss im Büro überlassend, folgte ihrem Beispiel. Das Haus der Staines stand am Zugang eines der Holzlagerplätze, die John Staines in seinem Wohlstand erworben hatte. Ein einstöckiges Backsteingebäude, im Hof erbaut, bildete die Zentrale seines blühenden Geschäftes, und er achtete sehr darauf, sich um alle persönlichen Transaktionen selbst zu kümmern.

Er hörte nicht, wie sich die Tür öffnete, doch er spürte einen kalten Luftzug und sah sich um. Ein Mann schloss die Tür hinter sich, und Mr. Staines sprang auf die Füße, denn der Kopf des Eindringlings war in eine Mönchskutte gehüllt und zwei harte, helle Augen starrten ihn durch die vertikalen Schlitze in der Maske an. Noch weitaus beunruhigender war die automatische Pistole in seiner Hand.

»Schreien Sie nicht, und versuchen Sie nicht zu fliehen. Ziehen Sie die Jalousien herunter«, befahl der Mann. Staines gehorchte, zog die blauen Leinenrollos herunter und sperrte jeden Blick vom Hof in das Innere aus.

»Ich will Ihre Sparbücher, Bankunterlagen und Hauptbücher der letzten zehn Jahre sehen«, sagte der Fremde.

»Schauen Sie«, begann Mr. Staines.

»Sie schauen nirgendwohin«, knurrte der Mann. »Sie tun, was man Ihnen sagt, verdammt noch mal!«

Mr. Staines war ein kluger Mann, und er gehorchte, wenn auch widerwillig. Er nahm die kleinen, braun eingeschlagenen Bücher aus dem Safe und stapelte sie auf den Tisch.

»Nun drehen Sie sich zur Wand und bleiben dort stehen«, sagte der Eindringling, und wieder gehorchte Mr. Staines.

Er hörte das Rascheln der Seiten, doch er drehte sich nicht um. Fünf Minuten vergingen und ein Stuhl wurde zurückgeschoben.

»Rühren Sie sich nicht von der Stelle«, sagte der Fremde.

Die Tür öffnete und schloss sich schnell; ein paar Sekunden später hörte er die Pforte zufallen und sank schwer auf seinen Stuhl.

»Da soll mich doch …!«, sagte Mr. Staines, und unter diesen Umständen war seine Ausdrucksweise verständlich.

Kapitel II
Jeremiah Obadiah Jowlett

In einem kleinen, düsteren Büro mit Blick auf Whitehall suchte Mr. Jeremiah Jowlett seine Akten zusammen, klemmte sie unter den Arm und rannte in das Büro seines Chefs. Lord Ilfran blickte auf, als sein Untergebener hereinkam.

»Hallo Jerry, waren Sie nicht schon weg?«

»Nein, Sir«, sagte Jerry unnötigerweise und legte dem älteren Mann die Umschläge vor. »Ich denke, wir können die Fälle Myer und Burton verfolgen«, sagte er. »Aber gegen Townsend haben wir nichts in der Hand.«

Lord Ilfran nickte.

»Gibt es irgendwelche frischen Nachrichten?«

»Keine von Bedeutung, Sir. In der Zeitung steht, dass versucht wurde, die Tresorräume des Postdampfers ›Carmuria‹ auszurauben, doch die Diebe scheinen es gewaltig verpfuscht zu haben, und die Männer sind nun in Southampton in Haft.«

»Es gibt keine guten Tresorräuber mehr«, sagte Lord Ilfran in einem Ton, der darauf schließen ließ, dass er diesen Umstand bedauerte. »Seit man der Flack-Bande[1] das Handwerk

[1] Vgl. »Terror Keep«, 1927 (dt. »John Flack«, 1928).

gelegt hat, ist dieser Verbrechenszweig uninteressant geworden. Was ist das hier mit dem Überfall auf einen Holzhändler in Camberwell?«

»Ach ja.« Jerry, der schon gehen wollte, wandte sich um. »Das ist außergewöhnlich. Da ist vor zwei oder drei Tagen ein Mann unter ähnlichen Umständen in Eastbourne überfallen worden, und jetzt auch dieser Mr. Staines.«

»Gestohlen wurde nichts?«, fragte Lord Ilfran.

»Offenbar überhaupt nichts«, antwortete Jerry. »Wie im vorherigen Fall wollte der Einbrecher nur den Zustand der Sparbücher und privaten Konten von Mr. Staines überprüfen.«

»Außergewöhnlich!«, murmelte Lord Ilfran und sah aus dem Fenster. »Höchst außergewöhnlich! Nichts wurde gestohlen, sagen Sie?«

»Gar nichts«, sagte Jerry und warf einen Blick auf die Uhr über dem Kopf des Staatsanwalts.

»Na, verschwinden Sie schon«, sagte Lord Ilfran lächelnd. »Ich schätze, Sie schaffen noch den 16:57 Uhr-Zug. Wie um alles in der Welt können Sie nur in Arthurton leben?«

»Kommen Sie mal mit runter und feiern Sie Weihnachten mit mir, Sir«, sagte Jerry mit einem Lächeln. »Ich denke, dann werden Sie es verstehen.«

Das Taxi, das ihn zur Victoria-Station brachte, war so langsam, dass er zum Bahnsteig rennen musste, und auch dann kam er dort erst an, als der Zug schon in Bewegung war. Der Schaffner öffnete die Tür eines Erste-Klasse-Abteils, er sprang auf und wäre fast gefallen, aber ein kleiner, erschrocken ausgestreckter Arm rettete ihn.

»Es tut mir furchtbar leid«, sagte Jerry mit jenem Lächeln, das schon so viele seiner Kritiker entwaffnet hatte.

»Ich glaube, es gab einen Ruck«, sagte Margot Panton steif.

»Das habe ich gemerkt«, sagte Jeremiah, und dann gluckste er und das Mädchen lachte ebenfalls.

Es war natürlich alles ganz unangemessen und sehr ungewöhnlich. Margot war, seit sie denken konnte, davor gewarnt worden, mit fremden Männern in Eisenbahnwagen zu sprechen und unter keinen Umständen allein mit ihnen zu reisen. Doch noch bevor der Zug Clapham Junction erreicht hatte, hatte Jerry ihr erzählt, dass der Name seiner Lieblingstante Maud war und sie hatte ihm erklärt, wie perfekt das System ihrer alten Schule funktionierte.

»Arthurton!«, sagte er erfreut, als sie ihm ihr Ziel nannte. »Mein Gott, dort fahre ich auch hin. Wo werden Sie wohnen?«

»Bei meinem Vormund, Mr. James Stuart.«

»Ist das so?«, sagte er mit erhobenen Augenbrauen. »Dann sind wir ja Nachbarn! Mr. Stuart ist Antiquitätensammler oder Forscher oder so etwas, nicht wahr? Ich weiß, dass er im Ausland lebt.«

»Ich weiß sehr wenig über ihn«, antwortete sie, »und ich kann mich nicht erinnern, ihn gesehen zu haben. Er ist der einzige Verwandte, den ich in dieser Welt habe«, sagte sie einfach.

Jerry war mehr als gewöhnlich interessiert und setzte ihr so lange mit seinen Fragen zu, bis sie lachend das Thema wechselte.

»Wenn Sie in Arthurton leben …«

»Ich schwöre, das tue ich«, sagte er.

»Unterbrechen Sie mich nicht. Wenn Sie in Arthurton leben, dann müssen Sie mir etwas erzählen. Ich könnte dafür sterben, es zu erfahren.«

»Ich habe eine bronzene Lebensrettermedaille«, sagte er bescheiden. »Ich muss Ihnen das sagen, falls es sonst niemand tut. Ich habe vor, mir noch eine weitere zu verdienen.«

»Haben Sie jemals den Geist von Down Hill gesehen?«, fragte sie.

Er fiel in seinen Sitz zurück und brüllte vor Lachen.

»Ich bin der Geist von Down Hill«, sagte er, und sie starrte ihn an. »Wenigstens bin ich der einzige Geist, der jemals in Down Hill umgegangen ist. Mein Haus steht zwar nicht an der genauen Stelle, aber doch auf dem Land, das den alten Mönchen gehörte und das der Eigentümer der vor hundert Jahren niedergebrannten Down Hill-Farm zu seinem Grundbesitz zählte.«

»Und den Geist haben Sie nie gesehen?«, fragte sie.

»Den Geist habe ich nie gesehen, und Minter – er ist mein Diener, Koch und Hausverwalter – ebenfalls nicht.«

Er zögerte und sagte dann:

»Nein, wir haben nichts gesehen.«

»Sie wollten sagen, außer …«, begann sie.

Er lächelte.

»Außer, dass wir vor zwei oder drei Nächten eine seltsame Gestalt im Garten sahen, aber wahrscheinlich war es nur ein Wilddieb, der eine Falle auslegte. In diesem Teil der Downs gibt es tausende Kaninchen«.

»Sie werden den Ort lieben«, sagte er, als er ihr beim Aussteigen am Bahnhof Treen half. »Ich hoffe, Ihr Onkel wird mich zu Tee und Tennis einladen. Ihr Rasen ist ganz wundervoll, während ich überhaupt keinen habe. Oh, da ist ja Ihr Onkel. Soll ich Sie vorstellen?«, fragte er verschmitzt.

Der Mann, der auf sie zulief, war etwas mehr als mittelgroß und stark gebaut. Offenbar war er um die sechzig, doch er hielt sich kerzengerade. Der kurzgeschnittene weiße Bart, die zottigen Augenbrauen und die große Nase machten auf sie den Eindruck eines alten Adlers; ein Eindruck, den die hellen, tief liegenden Augen noch verstärkten. Als sie sich trafen, lächelte er sie immerfort an und nahm ihre kleine Hand in seine große, haarige Pranke. Obwohl es bitterkalt war und der Schnee dick auf den Straßen lag, trug er weder Mantel noch Handschuhe, und das weiche, weiße Hemd war am Nacken geöffnet und entblößte seinen Hals.

»Du bist Margot«, sagte er und bürstete ihre Wange mit seinen Lippen. »Wie geht es Ihnen, Mr. Jowlett. Er ist einer unserer Nachbarn, Margot.«

Seine Art war brüsk und seine Stimme schroff, doch seine Haltung war gesellig. Er hatte ein kleines, vor dem Bahnhof wartendes Auto. Es war neben Jerrys Extravaganz geparkt, einem Rennwagen mit langgestreckter Motorhaube, dessen Besitz er mit seinen Qualitäten in hügeligem Gelände entschuldigte.

»Das ist mein Aufzug«, sagte er. »Ich lebe in der ersten Etage der Welt, Miss Panton, eine Position, die mir das glückliche Gefühl gibt, auf meine Mitbürger herabsehen zu können.«

Sie gaben ihm eine Minute für den Aufbruch und er fuhr lautlos auf dem verschneiten Teppich davon.

James Stuart saß am Steuer und sein kleiner Wagen folgte in respektablem Abstand. Er sprach nicht mit ihr und so hatte sie Zeit, Bilanz dieses neuen Verwandten, der in ihr Leben getreten war, zu ziehen. Er hatte den Zauber der Familienähnlichkeit mit ihrer Mutter, und sie spürte, dass sie diesen verbitterten alten Mann, auf dessen Gesicht sie die Spuren des Leids zu erkennen glaubte, lieben könnte.

Mr. Staines hatte die Schönheit ihres neuen Heims nicht übertrieben. Es war ein altes, von Efeu überwuchertes Haus und stand auf weitläufigem Gelände. Selbst unter seiner weißen, flockigen Decke, die in dicken Polstern auf den ausgedehnten Zedernhölzern lag, erkannte sie die wunderbaren Möglichkeiten des schlafenden Gartens.

»Ich frage mich, wie du diesen Ort jemals verlassen konntest«, sagte sie, als sie aus den französischen Fenstern des Salons blickte.

»Es ist hübsch«, erwiderte er kurz.

»Gibt es in Brasilien irgendetwas, das so hübsch ist?«

Er schüttelte den Kopf.

»Nichts«, sagte er schroff.

Ihr eigenes Zimmer war ein reizender großer Raum mit Blick auf den Garten und machte den Eindruck, erst kürzlich eingerichtet worden zu sein. Später entdeckte sie, dass das tatsächlich der Fall war und dass die Möbel erst an diesem Tag von Eastbourne gekommen waren.

Beim Abendessen fand sie ihren Onkel liebenswürdig genug. Er unterhielt sie mit einem Vorrat sardonischen Humors und zeigte ansonsten einen überraschenden Weitblick.

»Es gibt nicht viel junge Gesellschaft für dich in Arthurton«, sagte er. »Ein Mädchen wie du sollte tanzen und ähnlichen Unsinn anstellen. Ich werde den jungen Jowlett für morgen Abend zum Dinner einladen, wenn du magst.«

Sie mochte sehr gern.

»Zu Weihnachten gibt es in Eastbourne viel geselliges Leben, das ist nur vierzehn Meilen entfernt und ich denke an einen weiteren Wagen«, sagte er. »Doch nun ...« Er zögerte und rieb sich den Bart mit seinen Knöcheln, eine kleine verärgerte Geste, die ihr nicht entging. »Abends bin ich mit meinen Untersuchungen sehr beschäftigt und ich fürchte, du wirst oft allein sein.«

»Bitte sorge dich nicht um mich, Onkel James«, sagte sie ernst. »Ich kann mich auch mit einem Buch amüsieren. Und wenn ich denke, dass ich dir die ganze Zeit im Kopf herumspuke, macht das Leben nur halb so viel Spaß.«

Er schien darüber erleichtert. Dann sagte er linkisch:

»Nun, du kannst gleich damit anfangen. Ich gehe jetzt in mein Arbeitszimmer.«

Um zehn Uhr klopfte sie an seine Tür um gute Nacht zu sagen und ging in ihr Zimmer hinauf. Er hatte ihr ein Zimmermädchen versprochen, doch auf diesen Luxus konnte sie gut verzichten. Sie zog sich aus und saß in ihrem Kimono am offenen Fenster. Ein Dreiviertelmond erhob sich, als sie über den Garten auf die wundervolle Landschaft schaute.

Die verschneiten Ausläufer der Downs lagen im blauen Schatten und das Mondlicht überflutete das weiße, weite Land mit einem unheimlichen Glanz.

Sie seufzte glücklich, schaltete das Licht aus und kuschelte sich ins Bett. Doch das fremde Zimmer und vielleicht auch der neue Geruch der Möbel hinderten sie wie erwartet daran, fest einzuschlafen. Sie drehte sich von einer Seite auf die andere, döste unruhig, und dann hörte sie von draußen das leise Geräusch von Fußschritten auf dem Kiesweg. An der Position des kleinen Lichtflecks auf dem Boden konnte sie erkennen, dass es sehr spät sein musste. Sie fragte sich, ob ihr Onkel wohl die Angewohnheit hatte, in solch einer eisigen Mitternacht spazieren zu gehen. Aus dem Bett schlüpfend, zog sie ihren Morgenmantel an, lief zum Fenster und sah hinaus.

Und dann gefror ihr das Blut in den Adern und die Knie

gaben unter ihr nach, denn dort, mitten auf dem Gartenweg, stand eine Gestalt in der düsteren Robe eines Mönches!

Die Kutte war über den Kopf gezogen und das Gesicht blieb unsichtbar. Die Gestalt stand reglos, die Hände in den weiten Ärmeln verborgen, der Kopf wie in Gedanken gebeugt.

Dann drehte der Kopf sich langsam und das Mondlicht fiel auf das knochige Gesicht, die leeren Augenhöhlen, den weißen Schimmer fleischloser Zähne.

Für einen Moment starrte sie, gelähmt, keines Tons oder keiner Bewegung fähig; dann fand sie ihre Stimme wieder, und mit einem schrillen Schrei brach sie ohnmächtig auf dem Boden zusammen.

Kapitel III
Der Landstreicher

Als sie wieder zu sich kam, lag sie unter der Daunendecke auf dem Bett und das besorgte Gesicht ihres Onkels sah auf sie herab. Er hatte seinen Morgenmantel an und sein Haar war unordentlich zerwühlt.

»Ich bin so ein Narr«, sagte sie mit entschuldigendem Lächeln.

»Ich hörte dich schreien. Was war los – ein Albtraum?«, fragte Mr. Stuart.

Und dann erzählte sie ihm, was sie gesehen hatte. Stuart lief zum Fenster und sah hinaus.

»Eine Erscheinung«, sagte er ernst. »Du hast großes Glück gehabt.«

»Eine Erscheinung?«, wiederholte sie erstaunt. »Glaubst du …«

Er zuckte die Achseln.

»Ich glaube, dass es viele Dinge gibt, die man nicht versteht; viele Dinge und viele Phänomene«, antwortete er. »Doch ehrlich gesagt, denke ich, dass du in diesem Fall einen Albtraum hattest.«

»Glaubst du …«, fragte sie, »glaubst du, dass das der Geist von Down Hill war?«

Sie hörte ihn kichern.

»Dann hast du diese Geschichte also gehört, ja?«, sagte er. »Vielleicht war er das. Vielleicht waren es auch nur die Austernpastete und der Kaffee – eine Kombination, die schon mehr Geister hervorgebracht hat, als jeder von uns Spiritisten.«

Margot Panton war weder abergläubisch noch eine Skeptikerin. Sie hatte die *Mens sana in corpore sano*[1] eines ausgeglichenen Schulmädchens, und sie war herzlich beschämt, sich so lächerlich gemacht zu haben. Es war die Überraschung gewesen, die geheimnisvolle Atmosphäre, das Mondlicht, der fremde Ort – all diese Umstände hatten sich vereint und diese lächerliche Ohnmacht hervorgerufen. Allein in ihrem Zimmer, setzte sie sich im Bett auf, umklammerte ihre Knie, ein Bild stirnrunzelnder Verwirrung. Ihr gesunder Menschenverstand sagte ihr, dass es so etwas wie Geister nicht gab, und dass sie keine Schuhe trugen, die den Kies unter ihnen knirschen ließen. Sie stand wieder auf und sah in den Garten hinaus. Er war leer. Mit einem verächtlichen »Puh!« schaltete sie das Licht aus, rollte sich im Bett zusammen und fiel in einen traumlosen Schlaf.

Ihr Onkel war ausgegangen, als sie zum Frühstück herunterkam, doch er kehrte zurück, bevor sie mit dem Essen fertig war.

»Nun, hast du deinen Schrecken überwunden?«, fragte er, als er im Vorbeigehen seine Hand auf ihre Schulter fallen ließ.

»Ich bin ganz sicher, dass es kein Geist war«, sagte sie.

»Oh, bist du das, ja?« Seine Augen blitzten. »Und wie kommst du zu dieser Schlussfolgerung?«

»Geister tragen keine Schuhe«, sagte sie entschieden.

»Sie könnten Schuhe haben«, sagte der alte Mann trocken. »Ich nehme Tee ohne Zucker oder Milch, Margot. Falls es kein Geist war, dann muss ich vorsichtig sein«, sagte er. »Ich habe

---

[1] Lateinische Redewendung: »Ein gesunder Geist in einem gesunden Körper«.

ein paar ziemlich wertvolle Sachen aus Brasilien und Peru mitgebracht; ein paar alte Inkastatuen«, erklärte er, machte aber keine Anstalten, sie ihr zu zeigen.

Am Morgen hatte sie einen Blick in sein Arbeitszimmer werfen können, einen schlicht eingerichteten Raum im Erdgeschoss mit einem Bücherregal und einem Schreibtisch, ein paar Tierfellen an den Wänden und sonst nichts.

An diesem Morgen war sie damit beschäftigt, ihren Koffer auszupacken und ihre Fotografien im Zimmer zu verteilen.

Mittags speiste sie allein, denn ihr Onkel war nach Hastings gefahren. Als er ihr von dieser Fahrt erzählt hatte, hatte sie erwartet, er würde sie dazu einladen, und er musste ihre Gedanken erraten haben.

»Wenn ich einen besseren Wagen bekomme, fahre ich mit dir aufs Land, Margot, doch du lässt meine alte Blechkiste einfach schäbig aussehen.«

Sie lächelte über das angedeutete Kompliment. Sie begann, diesen alten Mann mit seinem beißenden Humor und seinen unerwarteten Komplimenten zu mögen.

Seine Abwesenheit gab ihr die Gelegenheit, ihr Reich selbst zu erforschen, und so zog sie ein Paar schwere Stiefel an – denn der Schnee lag dick auf dem Hügel unter der strahlenden Sonne – und begann ihre Inspektionsreise. Jenseits des Gartens zog sich eine weite Koppel den Hügel hinauf und wurde vom Nachbargrundstück durch einen Drahtzaun getrennt. Sie folgte diesem Zaun bis zum Hügelkamm und sah, dass er nahe eines hübschen kleinen Ziegelsteinbungalows auf der Hügelspitze vorüber führte. Das muss Down Hill sein, dachte sie. Es nahm eine größere Fläche ein, als sie sich vorgestellt hatte. Durch die weit offen stehenden Fenster erhaschte sie einen flüchtigen Blick auf eine Junggesellenwohnung. Ein beleibter Mann, in dem sie ganz richtig Jeremiah Jowletts Faktotum erkannte, verbeugte sich steif vor ihr, als sie vorbeikam. Er schaufelte den in der Nacht gefallenen Schnee vom Gartenweg. Offensichtlich war Jerry in die Stadt gegangen.

»Guten Morgen, gnädige Frau«, sagte er respektvoll.

»Ist das Down Hill?«, fragte sie.

»Ja, gnädige Frau. Dies ist Mr. J. O. Jowletts Besitztum.«

Die Worte schienen ihr ein wenig zu erhaben, und sie lächelte innerlich. Sie erinnerte sich daran, dass der Diener ihres Reisegefährten nicht viel davon hielt, seinen Chef beim Vornamen zu nennen. Sie ließ das Haus hinter sich, lief die Downs entlang und setzte sich dann auf einen Gartenstuhl, der offenbar von Jeremiah dort hingestellt worden war, und der trocken und frei von Schnee war.

Die Aussicht war wundervoll. Im goldenen Sonnenlicht war die offene Landschaft ein glitzerndes Schneefeld, und in der Ferne erblickte sie den silbernen Mäander des Meeres über der Seaford-Spalte, wie die Borte am V-Ausschnitt eines Spitzenmieders. Hingerissen und müßig träumend saß sie da; formlose, angenehme Fantasien schwebten an ihrem Geiste vorüber – träge Nebel, die das Wesen des Lebens abwechselnd enthüllten und verschleierten. Ihre Träumerei wurde grob unterbrochen.

»Hübsche Aussicht, nicht wahr, Miss?«

Erschrocken drehte sie sich um. Ein Mann stand nicht mehr als zwei Yards[1] entfernt auf der Straße. Er sah wie ein Landstreicher aus. Seine Kleidung war alt und verschmutzt, seine Stiefel klafften offen, und sein Kinn hatte seit einer Woche keine Rasierklinge mehr gesehen. Er paffte an einer leeren Pfeife und seine großen rauen Hände steckten in den Taschen seines zerschlissenen Mantels.

Sie erhob sich schnell.

»Ja, es ist sehr schön«, sagte sie.

»Wohnen Sie hier in der Gegend, Miss?«

»Ja, ich wohne hier«, sagte sie kurz und wandte sich wieder in Richtung Down Hill, dessen rote Dächer und Schornsteine sich über den Bäumen zeigten. Sie hörte seine Schritte durch den Schnee knirschen, und gleich darauf hatte er sie eingeholt.

---

[1] Angloamerikanisches Maßsystem. 1 yd = 0,9144 m.

»Hübscher Ort zum Leben, nicht wahr, Miss?«, fragte er und sie gab keine Antwort.

»Seit gestern Morgen hatte ich nichts mehr zu beißen«, deutete er an.

Sie öffnete ihre Tasche, holte einen Schilling heraus und reichte ihm die Münze ohne ein Wort.

»Herzlichen Dank. Wohlgemerkt, von Rechts wegen wäre ich ein reicher Mann, wenn jedermann seinen Anteil bekommen hätte.«

Er gab diese Information preis und hielt dann inne, als erwartete er eine Antwort von ihr. Sie beschleunigte ihre Schritte, erkannte aber bald, dass es sinnlos war, vor einer Gefahr davonzulaufen, die vielleicht gar nicht existierte. Als sie wieder in Sicht des Hauses und des Dieners kam, der sich seelenruhig auf seine Schaufel lehnte, erholte sie sich etwas von ihrer verlorenen Selbstbeherrschung.

»In der Gegend soll's einen Geist geben«, sagte der Landstreicher, und sie betrachtete ihn genauer. Der Mann hatte ein ausdrucksloses Gesicht, und über der langen, aggressiven Nase standen seine Augen nahe beieinander. Ihrer Meinung nach musste er irgendwo zwischen vierzig und fünfzig Jahre alt sein.

»Ich werde ein oder zwei Tage hier sein«, sagte er. »Mein Name ist Sibby Carter. Ich hänge hier nur herum.«

Zu ihrer Überraschung musste sie lachen.

»Ich wüsste nicht, warum Sie mir das erzählen sollten«, sagte sie. »Ich bin wirklich nicht an Ihren Plänen interessiert.«

»Sibby Carter ist mein Name«, wiederholte er und schmatzte mit den Lippen. »Ich werde hier für zwei oder drei Tage rumhängen.«

Sie ließ ihn stehen, doch er folgte ihr und umfasste ihre Arme mit einem Griff, der sie zusammenzucken ließ.

»Hier, ich kann Ihnen was sagen«, begann er, doch der stämmige Diener hatte sie gesehen, war mit überraschender Gewandtheit über die Hecke gesprungen und kam auf sie zu.

»Verschwinden Sie von hier. Wie können Sie es wagen, diese Dame zu belästigen!«

Sibby Carter lockerte seinen Griff; die dünnen Lippen kräuselten sich zu einem Hohnlächeln und zeigten seine gelben Zähne.

»Hallo, fett und hässlich!«, sagte er grob. »Wie komm' Sie denn dazu, sich hier einzumischen?«

Das Mädchen, atemlos und etwas weiß im Gesicht, war instinktiv an die Seite des stämmigen Mannes zurückgewichen.

»Sie verschwinden hier«, sagte Mr. Jowletts Diener entschieden.

»Ich habe hier die gleichen Rechte wie Sie«, sagte Sibby Carter.

»Sie stehen auf Privatbesitz, das wissen Sie! Und nun verschwinden Sie, oder ich bringe Sie in die Stadt und lasse Sie verhaften.«

Der Landstreicher schien von dieser Aussicht beeindruckt; er blickte erst das Mädchen an und dann den kräftigen Mann.

»Fett und hässlich!«, schrie er schließlich. »Fett und hässlich!«, und stapfte den Weg zurück, auf dem er gekommen war, die Schultern gebeugt, die Hände in den Taschen.

Kapitel IV
Sibbys Ende

Als James Stuart zurückkehrte, erzählte Margot ihm von ihrer unerfreulichen Erfahrung und er hörte ihr mit ernstem Gesicht zu.

»In der Regel sehen wir hier in der Gegend nur wenige Landstreicher«, sagte er. »Du darfst nicht alleine ausgehen, Margot. Wie nannte er sich gleich?«

»Sibby Carter!«, wiederholte sie mit halbem Lächeln, doch Mr. Stuart lächelte nicht zurück.

»Den Namen muss ich mir merken. Das könnte nützlich sein, um ihn zu identifizieren«, sagte er. »Wir müssen Mr. Jowlett für die Dienste seines Dieners danken.«

An diesem Abend traf er Jeremiah am Bahnhof, und Jeremiah, dessen Arbeit sehr unter der Erinnerung an zwei lachende graue Augen gelitten hatte, akzeptierte die Einladung zum Essen mit unanständiger Eile.

»Ich bin froh, dass Minter zur Hand war«, sagte er. »Zum Teufel mit dem Kerl! Aber Minter war ihm natürlich über. Immer der fahrende Ritter und Retter notleidender Damen, der Glückspilz! Tragen Sie Abendgarderobe?«

»Nein, nein«, sagte Mr. Stuart kopfschüttelnd. »Ich möchte, dass Sie so kommen, wie Sie sind. Vielleicht fahren Sie gleich mit mir mit?«

»Ich nehme den Aufzug zur Neunten«, sagte Jeremiah, »und werde rechtzeitig zurück sein, um Sie zu empfangen.«

Doch als er nach Arthurton Lodge kam, wartete Mr. Stuart bereits. Aus der Sicht zweier Menschen, die sich amüsierten wie zwei alte Freunde, war das Dinner ein großer Erfolg. Mr. Stuart war ein stilles, aber dankbares Publikum.

»Also haben Sie den Geist tatsächlich gesehen! Und er trug genagelte Stiefel? Ein großartiges Gespenst«, sagte er ausgelassen.

»Für Sie mag es ja lustig sein, aber ich war zu Tode erschrocken«, sagte das Mädchen.

»Sie hatten wohl Angst, er könnte mir verloren gehen«, sagte Jerry. »Und danke für Ihre Aufmerksamkeit. Er hatte sicherlich kein Recht, sich auf Ihr Grundstück zu verirren, und falls Sie ihn noch einmal so weit weg von seiner angestammten Heimat sehen, schicken Sie ihn bitte zurück. Ich muss ihm ein paar Hausschuhe besorgen«, sagte er ernst. »Sie können sich nicht vorstellen, wie viele Schuhe dieses Gespenst ruiniert …«

»Sie haben ihn noch nicht gesehen!«, sagte sie herausfordernd. »Sie würden nicht so gedankenlos von ihm sprechen, wenn Sie ihn gesehen hätten.«

»Ich spreche niemals gedankenlos von Geistern«, protestierte Jerry. »Und ganz sicher nicht von meinem eigenen Geist. Als ich das Grundstück vor fünf Jahren kaufte und diesen Bungalow baute, hatte ich mich sogar nach speziellen Verfügungen für William erkundigt …«

»Wer ist William?«, fragte das Mädchen arglos.

»William ist der Name des Geists«, sagte der andere feierlich.

»Sie sind unverbesserlich. Und übrigens, Sie wissen, dass mein Onkel eine ganz andere Ansicht hat.«

»Über Geister?«, fragte Jerry skeptisch.

»Nicht wahr, Onkel?«, bat das Mädchen.

Mr. Stuart rieb sich den Bart.

»Natürlich glaube ich an gewisse Erscheinungen«, sagte er. »Ich habe einige außergewöhnliche psychische Phänomene erlebt, und selbst die Möglichkeit der Existenz von Geistern würde ich nicht ausschließen.«

»Es tut mir leid, wenn ich …«, begann, Jerry.

»Sie können darüber sagen, was Sie möchten«, sagte der alte Mann gutmütig. »Ich wollte nur meine Ansicht mitteilen.«

Nach dem Dinner wechselten sie in den Salon hinüber, und zu Margots Überraschung begleitete sie Mr. Stuart und blieb sitzen, während sie sang.

Es war in einem Augenblick der Stille, in einer jener kurzen Gesprächspausen, die von den Abergläubischen mit der zwanzigsten Minute assoziiert wird, als eine Unterbrechung eintrat. Das Mädchen blickte plötzlich zu den geschlossenen Fensterläden.

»Was war das?«, fragte Mr. Stuart schnell.

»Ich dachte, ich hätte ein Geräusch gehört«, sagte sie. »Es war, als hätte jemand die Fensterscheibe berührt.«

Jerry stand auf.

»Ich gehe nachschauen«, sagte er, doch James Stuarts Hand hielt ihn zurück.

»Es könnte unser Freund, der Geist sein«, sagte er halb scherzhaft, halb ernst, »und in diesem Fall sollte besser jemand mit weniger leichtfertigen Ansichten nachschauen.«

»Soll ich mit Ihnen kommen?«, fragte Jerry.

»Ich würde lieber allein gehen«, antwortete Mr. Stuart und verschwand für einige Zeit.

Sie hörten seine Schritte auf dem Kiesweg, der rund um das

Haus führte, und dann hörten sie ihn zurückkehren. Einige Minuten später traf Jerry ihn im Durchgang.

»Miss Panton war in Sorge«, sagte der junge Mann.

»Da war niemand«, erklärte Stuart, als er wieder im Salon war und eine Taschenlampe auf den Tisch legte. »Ich durchsuchte das Gebüsch und den Garten, aber es gibt keine Anzeichen für Geister oder Einbrecher.«

»Es könnte der Efeu gewesen sein, der an das Fenster geklopft hat«, sagte Margot, doch Stuart schüttelte den Kopf.

»Es ist windstill und mir ist aufgefallen, dass der Efeu nahe des Fensters ordentlich beschnitten ist«, sagte er. »Vielleicht war es nur deine Einbildung.«

Sie unterhielten sich noch eine Weile, und auch der alte Mann beteiligte sich an dem Gespräch. Jerry hatte gehofft, dass der Wissenschaftler irgendetwas über seine Abenteuer in Brasilien erzählen würde, doch außer ein paar flüchtigen und oberflächlichen Bemerkungen über die Hitze und die Moskitos sagte er kaum etwas, und so drehte sich die Unterhaltung größtenteils um Margots Schulzeit und Mr. Stuarts Erinnerungen an ihre Mutter, als sie noch ein Mädchen war.

Er war mitten in einer dieser Geschichten, als er plötzlich innehielt und den Kopf neigte.

»Habt Ihr etwas gehört?«, fragte er.

»Ich nicht«, sagte Jerry überrascht. »Wonach klang es denn?«

»Es klang wie ein Fußschritt auf dem Kies. Hast du etwas gehört, Margot?«

Doch auch Margot hatte nichts gehört.

»Seltsam!«, murmelte Mr. Stuart.

Die Unterhaltung wurde fortgesetzt. Wieder hielt er inne.

»Ich schwöre, ich habe einen Schrei gehört«, sagte er.

Jerry hatte etwas gehört, das für ihn nach dem leisen Kreischen einer fernen Eule klang.

»Ich denke auch, dass es eine Eule war«, sagte Margot.

Bald darauf erhob sich Jerry um zu gehen, und sie gingen mit ihm in die Halle; Mr. Stuart half ihm in den Mantel. Jerrys Wagen stand auf der Rückseite des Hauses, außerhalb der kleinen Garage, doch er lehnte die Begleitung des alten Mannes ab.

»Ich finde den Weg mit verbundenen Augen«, sagte er, als Stuart die Tür öffnete, »und …«

Jerry blieb stehen und schrak mit einem kleinen, überraschten Aufschrei zurück. Er hatte auch allen Grund, überrascht zu sein, denn in der Vorhalle hockte die Gestalt eines Mannes. Das Licht in der Halle war stark genug, um jede Einzelheit des kauernden Mannes zu beleuchten, und Margot erkannte ihn.

»Aber das ist ja der Landstreicher«, sagte sie. »Sibby Carter.«

Jerry beugte sich über die Gestalt und berührte sie; und bei dieser Berührung rollte sie herum und fiel zu einem leblosen Haufen zusammen.

»Tot!«, keuchte Jerry und sah genauer hin.

Als die Gestalt am Boden lag, wurde ihr Hals sichtbar und man konnte einen runden blauen Fleck am Genick erkennen.

»Tot!«, sagte Jerry wieder. »Und ermordet, glaube ich. Der Geist von Down Hill hat ein paar sehr kräftige Hände, Mr. Stuart, denn das Genick dieses Mannes ist gebrochen!«

Kapitel V
Minter, der Diener

Es gab keinen Zweifel: Der Mann war tot. Jeremiah hatte ihn nur für eine Sekunde ansehen müssen, um das zu erkennen. Behutsam führte er das Mädchen in den Salon zurück. Sie war bleich, doch sehr gefasst, und als sie sprach, zitterte ihre Stimme nur ganz wenig.

»Ist er tot?«, fragte sie leise, und Jerry, der über ihre Selbstbeherrschung staunte, nickte.

»Wie schrecklich! Was glauben Sie, ist passiert?«

»Ich bin ganz durcheinander«, sagte Jerry und schüttelte hilflos den Kopf. »Ich weiß nicht mehr als Sie.«

»Ich bin sicher, dass das der Mann ist, der sich Sibby Carter nannte«, sagte sie, und er sah sie erstaunt an, denn vorhin, als sie die Leiche gefunden hatten, hatte er ihre geflüsterten Worte nicht gehört.

»Sie kennen ihn?«, fragte er ungläubig.

Sie schüttelte den Kopf.

»Ich habe ihn heute das erste Mal gesehen«, sagte sie und erzählte noch einmal, wie sie den Landstreicher getroffen hatte.

»Diesen Mann?«, sagte er überrascht. »Welch eigenartiger Zufall!«

Das war eine Stunde, bevor die Polizei kam, und zwei Stunden, bevor der Krankenwagen aus Eastbourne kam, um das Opfer der Tragödie wegzubringen.

Die Tatsache, dass Jeremiah im Hause anwesend war, ersparte Mr. Stuart das Kreuzverhör des Kriminalbeamten, der zusammen mit dem Krankenwagen eintraf.

»Es war wirkliches Glück, dass Sie hier waren«, sagte James Stuart ernst. »Ich verstehe es nicht. Warum kam der Mann hierher, und wer außer dem Geist von Down Hill hätte ihn umbringen können?«

Unter anderen Umständen hätte Jeremiah gelacht.

»Der Geist von Down Hill?«, wiederholte er. »Aber Mr. Stuart, ein Geist ist doch sicherlich kein körperliches Wesen mit körperlichen Kräften in seinen substanzlosen Fingern?«

James Stuart schüttelte den Kopf.

»Es gibt mehr Dinge auf dieser Welt, als Ihre Schulweisheit sich träumen lässt«, sagte er einfach, und mit diesen Worten kehrte ein sehr verstörter Jeremiah in seinen Bungalow zurück.

Obwohl es schon spät war, wartete der Diener auf ihn; ein kleines Feuer brannte im Kamin seines gemütlichen Wohnzimmers, und der unermüdliche Minter lauschte der Geschichte der »aufregenden Nacht« mit jenem höflichen Interesse, das Jeremiah stets geärgert hatte.

Er war ein großer, kräftig gebauter, ruhiger Mann mit glattrasiertem Gesicht und tiefliegenden Augen, ganz das Modell eines perfekten Butlers, doch es gab Zeiten, da strapazierte er Jeremiahs Geduld über alle Maßen. Der Mann stand seit fünf Monaten in seinen Diensten und war in jeder Hinsicht zufriedenstellend gewesen; und nun hatte Jeremiah einen besonderen Grund, ihm dankbar zu sein. An diesem Morgen hatte er das Mädchen vor den unerfreulichen Aufmerksamkeiten des verstorbenen Sibby Carter bewahrt.

»Man könnte meinen, Minter«, sagte er gereizt, »dass ich Ihnen die Geschichte eines Kaffeekränzchens erzähle. Verstehen Sie denn nicht, dass da ein Mord direkt vor Ihrer Nase verübt wurde?«

»Oh ja, Sir«, sagte Minter respektvoll. »Zu welcher Zeit wünschen Sie morgen Ihr Frühstück?«

»Pah!«, sagte Jeremiah.

Er entließ seinen Diener und ging zu Bett. Doch sein Geist war noch zu beschäftigt, als dass er hätte schlafen können. Wieder und wieder gingen ihm die außergewöhnlichen Umstände dieses Abends durch den Kopf, und irgendwie vermischten sie sich mit den Abenteuern des Eastbourner Landvermessers und Mr. Staines seltsamer Erfahrung, bis er stöhnend die Augen schloss und versuchte, den Geist von Down Hill und den geheimnisvollen Mann, der harmlose Menschen bedrohte und ihre Sparbücher durchsuchte, aus seinen Gedanken zu verbannen.

Er war schon fast eingeschlafen, als er glaubte, eine schleichende Bewegung vor seiner Tür zu hören. Sofort war er hellwach und horchte. Da war es wieder, ein schwaches Knarren, und so leise er konnte, stieg er aus dem Bett, kroch zur Tür und lauschte.

Die Kirchturmuhr in Arthurton schlug drei.

»Das geht mir auf die Nerven«, murmelte er vor sich hin und wäre zurück ins Bett gegangen, doch da hörte er das Geräusch erneut. Diesmal kam es von draußen. Er lief zum Fenster und zog behutsam die Vorhänge beiseite. Eine Wolke hatte für einen Moment den Mond bedeckt, und doch konnte er eine Gestalt erkennen, die eilig auf dem schneebedeckten Weg zur Pforte lief. Auch wenn er die Gestalt nicht genau erkennen konnte, ein Irrtum war nicht möglich: Es war Minter!

Er zog die Hose über seinen Pyjama, schlüpfte in die Schuhe und warf sich im Hinausgehen den Mantel über. Durch die offene Tür trat er in den überdachten Durchgang und verließ diesen durch die nur angelehnte Seitentür.

Als er draußen ankam, hatte der Mann das Tor erreicht.

»Minter!«, rief er scharf, und beim Klang seiner Stimme drehte sich der Diener um. Er trug etwas in der Hand; etwas, das im unruhigen Mondlicht funkelte und glänzte.

»Minter«, rief Jeremiah wieder.

»Ja, Sir«, erklang die Antwort, und der Mann kam langsam zurück. Bevor er das, was er trug, in die Tasche stecken konnte, hatte Jeremiah schon den Revolver gesehen und schnappte nach Luft. Bisher hatte er den sanftmütigen Minter nicht mit tödlichen Waffen in Verbindung gebracht.

»Warum, zum Teufel, kriechen Sie mitten in der Nacht mit einer Pistole herum?«

»Ich habe den Geist von Down Hill verfolgt, Sir«, war die kühle Antwort.

»Den Geist von Down Hill«, wiederholte Jeremiah. »Was meinen Sie damit?«

Minter antwortete nicht sofort, und Jeremiah, der ihn scharf musterte, sah, dass die unerwartete Unterbrechung ihn beträchtlich verstört hatte.

»Mir war, als hätte ich eine Gestalt im Garten gesehen und bin ihr gefolgt.«

Jeremiah sah ihn an.

»Aber Sie sind vollständig angekleidet, Minter«, sagte er leise. »Waren Sie zufällig vollständig angekleidet, als Sie den Geist sahen?«

»Ja, Sir«, war die überraschende Antwort.

Gemeinsam gingen sie in das Wohnzimmer zurück, und als Jeremiah das Licht anschaltete, betrachtete er seinen Diener genauer.

»Und zufälligerweise haben Sie sich umgezogen, bevor Sie zu Bett gegangen sind?«, fragte er spitz, denn der Anzug, den der Mann jetzt trug, war nicht die Livree, die seine beleibte Gestalt am Abend umhüllt hatte.

Minter antwortete nicht.

»Wir unterhalten uns morgen früh noch einmal darüber«, sagte Jeremiah, und mit einem kurzen Nicken entließ er den Diener.

Je mehr er über die Sache nachdachte, desto verwirrter wurde er. Ein schwaches Leuchten zeigte sich im Osten, als er endlich in einen unruhigen Schlaf fiel, um gleich darauf wieder von Minter geweckt zu werden, der nach kurzem Klopfen mit dem Teegeschirr eintrat.

Der Mann ließ Wasser in die Badewanne ein und legte die Kleidung zurecht, bevor er sprach.

»Ich wage zu behaupten, Sir«, sagte er nach kurzem Zögern, »dass Sie mein Verhalten in der letzten Nacht etwas seltsam fanden.«

»Ich denke, es war sogar äußerst seltsam«, sagte Jeremiah, »und ich sage Ihnen ehrlich, Minter, dass ich auf Ihre Dienste verzichten werde, falls Sie mir nicht zu meiner Zufriedenheit erklären können, was Sie gestern Nacht dort draußen getrieben haben.«

Minters schwerer Kopf nickte.

»Ich verstehe vollkommen, Sir«, sagte er höflich. »Doch ich muss Ihnen sagen, dass ich den Geist von Down Hill nun bereits drei Nächte in Folge gesehen habe und dass ich letzte Nacht aufgeblieben bin, um ihm zu folgen. Sie werden verstehen, dass ich mir unter diesen Umständen etwas Bequemes für die Verfolgung anziehen wollte.«

Dagegen ließ sich nichts sagen. Jeremiah zweifelte keinen Moment am Wort des Butlers. Auch er hatte den Geist von Down Hill gesehen, und es war durchaus möglich, dass der Mann die Wahrheit sprach.

»Geister, Sir«, fuhr der Mann fort, »beeindrucken mich in der Regel nicht, da ich aus einer langen Reihe Wesleyanischer Methodisten stamme, die nicht sehr stark an spiritistische Erscheinungen glauben. Aber ein Geist mit einem Theodolit[1]

[1] Geodätisches Instrument zur Horizontal- und Höhenwinkelmessung.

und einem Vermessungsstab scheint mir ein wenig von der Regel abzuweichen.«

»Wie meinen Sie das, Minter?«, sagte Jeremiah schnell. Er saß auf der Bettkante und starrte den Mann an.

»Vor zwei Nächten, Sir, sah ich den Geist, und über seiner Schulter trug er einen kleinen Theodolit – und später sah ich, wie er das Gerät benutzte. Er nahm aufwändige Messungen vor, die offenbar bei dem großen Felsbrocken im versunkenen Garten unterhalb des Hauses begannen, denn ich sah den Messstab so genau, wie ich Sie jetzt sehe. Bevor ich mich ankleiden und das Haus verlassen konnte, war er verschwunden.«

Jeremiah pfiff. Alle Zweifel an der Geschichte des Dieners hatten sich zerstreut. Er wusste, dass der Mann die Wahrheit sprach.

»Sie müssen seine Fußspuren gefunden haben?«

»Ich fand sie gleich darauf, Sir, konnte sie am Morgen aber nicht genau untersuchen, denn in der Nacht hatte es wieder geschneit«, sagte Minter, schüttelte den Kopf, und Jeremiah musste über den sachlichen Ton seines Dieners lachen.

»Haben Sie nicht ein wenig Angst, Minter?«

»Nein, Sir«, sagte der Mann mit einem Lächeln. »Nicht so sehr wie der Geist, wenn er wüsste, dass ich drei Jahre in Folge das Preisschießen in Bisley gewonnen habe.«

Kapitel VI
Die Warnung

»Das ist ein außergewöhnlicher Fall«, sagte Lord Ilfran kopfschüttelnd. »Einer der außergewöhnlichsten, von denen ich je gehört habe.«

Er saß an seinem Schreibtisch in dem großen Büro mit Blick auf Whitehall, und Jeremiah Jowlett saß ihm direkt gegenüber.

Lord Ilfran fuhr sich mit den langen, nervösen Fingern durch das weiße Haar und starrte aus dem Fenster.

»Sie sagen also, dass dieser Carter zu Flacks Bande gehört hat?«

Jeremiah nickte.

»Ich denke, daran kann es keinen Zweifel geben«, sagte er. »Man hat seine Fingerabdrücke identifiziert; außerdem schien er keinen Decknamen verwendet zu haben. Er ging zur gleichen Zeit wie John Flack, der Kopf der Bande, ins Gefängnis und beide wurden kurz nacheinander auf freien Fuß gesetzt.«

»Hat man Flack gefunden?«

»Nein, Sir«, antwortete Jeremiah. »Die Fahndung läuft, doch bis jetzt konnten wir ihn noch nicht fassen.«

»Das ist merkwürdig«, sagte der Staatsanwalt erneut. »Und welch schrecklicher Schock für das arme Mädchen.«

»Sie hat sich großartig geschlagen«, sagte Jeremiah begeistert. »Die meisten Frauen wären in Ohnmacht gefallen, aber sie war wie ein Ziegelstein.«

»Es gab keine Fußstapfen im Schnee?«

»Nein. Der Gartenweg war gefegt worden, und unser einziger Hinweis stammt von Mr. Stuart. Er glaubte, kurz vor der Entdeckung der Tragödie Schritte gehört zu haben.«

Lord Ilfran lehnte sich in seinem Stuhl zurück.

»Die Sache mit dem Gespenst ist natürlich lächerlich«, sagte er. »Irgendjemand veranstaltet zu eigenen Zwecken eine Maskerade. Übrigens, haben Sie den Geist gesehen?«

»Zweimal«, sagte Jeremiah zur Überraschung seines Chefs. »Tatsache ist, Sir«, er lehnte sich über den Tisch und senkte die Stimme, »wenn es ein Haus gibt, von dem man behaupten kann, dass es dort spukt, dann ist das mein Bungalow. Ich habe es Miss Panton nicht erzählt, weil ich sie nicht erschrecken wollte, doch den Geist von Down Hill gibt es wirklich, und obwohl meine Eindrücke des nächtlichen Wanderers mehr oder weniger lückenhaft sind, stimmen sie mit Miss Pantons Beschreibung eines Mannes in Mönchskutte und grinsendem Totenschädel überein.«

Lord Ilfran war selten erstaunt. Ein Leben für die Justiz hatte dafür gesorgt, dass selbst das Bizarre nicht mehr den Reiz des

Neuen besaß, doch nun war er ehrlich erstaunt, denn Jeremiah war ein nüchterner junger Mann mit nur wenigen Illusionen.

»Wie lange geht das schon so?«, fragte er neugierig.

»Etwa sechs Monate«, war die Antwort. »Oder etwa drei Monate, bevor Mr. Stuart aus Brasilien zurückkehrte. Das erste Mal sah ich den Geist in einer späten Sommernacht, als ein Sturm vom Meer heraufzog. Ich saß in meinem Arbeitszimmer und las ein Gesetzbuch, als ich ein *Tapp-tapp* am Fenster hörte. Ich dachte, dass sich ein Fensterladen gelöst hatte und nahm keine Notiz davon. Gleich darauf wiederholte sich das Geräusch. Ich ging zum Fenster und sah heraus; es war eine pechschwarze Nacht und ich konnte nichts erkennen, bis plötzlich ein Blitzstrahl aufzuckte, und dann sah ich mitten auf dem Weg die Gestalt eines Mönchs. Als ich draußen war, hatte es heftig angefangen zu regnen und im unruhigen Licht der Blitze war von dem Besucher nichts mehr zu sehen.

Das zweite Mal war vor einem Monat, und diesmal war die Heimsuchung etwas ernster«, sagte Jeremiah leise. »Ich war bereits schlafen gegangen, als Mr. Minter mich weckte, weil er ein Geräusch im Keller gehörte hatte. Wir haben unter dem Haus einen kleinen Weinkeller. Als ich hinunter ging, entdeckte ich, dass die Kellertür weit offen stand und dass jemand ein tiefes Loch in den Kellerboden gegraben hatte.«

»Niemand war zu sehen?«, fragte Lord Ilfran interessiert.

»In diesem Augenblick nicht«, antwortete Jeremiah. »Hinter dem Haus befindet sich ein überdachter Verbindungsgang zur Küche, der mir auch Platz für mein Fahrrad und einen Seiteneingang zur Garage bietet. Als ich, eine Öllampe in der Hand, das Haus durchsuchte und den Verbindungsgang erreichte, sah ich den Besucher zum zweiten Mal. Er stand am anderen Ende des Durchgangs neben der Seitentür, und ich gebe zu, dass der Anblick seines fleischlosen Gesichts mich erschreckte. Bevor ich ihn erreichen konnte, war er verschwunden.«

»Gab es seitdem noch andere Erscheinungen?«

Jeremiah lächelte.

»Es ist interessant, dass Sie gerade dieses Wort benutzen, Sir«, sagte er, noch immer lächelnd. »Mr. James Stuart, der unbedingt an Geister glaubt, benutzt es sehr gern und hat mich um Erlaubnis gebeten, eine Nacht allein in meinem Haus verbringen zu dürfen; er möchte den Geist schnappen. Ich könnte noch hinzufügen«, fuhr er fort, »dass mein Diener Minter den Geist ebenfalls gesehen hat – eine Tatsache, die ich erst gestern erfuhr.«

Lord Ilfran erhob sich und ging langsam durch das Zimmer.

»Das bringt uns der Entdeckung des Mörders von Sibby Carter nicht näher«, sagte er. »Werden Sie auf Mr. Stuarts Vorschlag eingehen?«

»Ich wüsste nicht, warum ich das nicht sollte«, sagte Jeremiah. Er erklärte nicht, dass er vor allem darauf bedacht war, mit Margot Pantons Onkel auf gutem Fuß zu stehen; und da Mr. Stuart ihm sein eigenes Haus für die Zeit seiner Geisterjagd angeboten hatte, war er umso mehr bereit, den alten Mann bei Laune zu halten.

»Ja, Sir«, sagte er. »Übermorgen nehme ich Minter mit in Mr. Stuarts Haus.

»Das ist Heiligabend«, unterbrach Lord Ilfran, »und eine ausgezeichnete Zeit für Geister. Ich wünsche Mr. Stuart sicherlich viel Glück.«

Jeremiah Jowlett ging an diesem Abend etwas eher nach Hause. Er freute sich darauf, das Mädchen wiederzusehen, das einen so großen Eindruck auf ihn gemacht hatte, und fragte sich, ob wohl neue Beweise ans Licht gekommen waren. Er traf Margot erstaunlich fröhlich an. Vielleicht war es der erste Schock gewesen, der sie für die nachfolgende Tragödie gestählt hatte, aber auf jeden Fall war sie viel weniger erschüttert, als er zu hoffen gewagt hatte.

»Der Onkel ist ausgegangen«, sagte sie. »Möchten Sie einen Tee mit mir trinken?«

Jeremiah brauchte keine zweite Einladung. Er blieb, bis es fast Zeit zum Abendessen war, doch Mr. Stuart kehrte nicht zurück, und schließlich nahm er widerstrebend seinen Abschied.

Trotz der Kälte war es eine wunderbare Nacht, und sie unterhielten sich noch eine Weile am Gartentor. Von dort, wo sie standen, waren die Umrisse von Down Hill klar gegen das sterbende Licht des westlichen Himmels zu erkennen.

»Ich habe Minter erlaubt, nach Hause zu gehen und seine Schwester zu besuchen«, erklärte Jeremiah, als das Mädchen eine Bemerkung über die Dunkelheit in dem Bungalow machte. »Bitte sorgen Sie sich nicht um mich, Miss Panton. Ich bin ein versierter Junggeselle, der es beim Grillen eines Koteletts und beim Kochen einer Kartoffel mit den besten Köchen in Arthurton aufnehmen kann.«

»Es muss doch schrecklich einsam für Sie sein«, sagte Margot. »Wollen Sie nicht zum Dinner bleiben?«

»Ich würde gern«, sagte Jeremiah in aller Aufrichtigkeit, »aber ich will Ihren Onkel nicht verärgern, indem ich mich bei Ihnen breit mache.«

Mit einem Mal packte sie seinen Arm.

»Schauen Sie!«, keuchte sie und deutete auf das Haus.

Er starrte in sprachlosem Erstaunen hinüber.

Plötzlich erglühten alle Fenster des kleinen Gebäudes in rötlichem Licht, so als stünde jeder Raum gleichzeitig in Flammen. Feurig leuchtete es über den schneeweißen Hügel, und dann erlosch die rote Glut wieder.

»Ich muss das untersuchen«, sagte Jeremiah.

»Lassen Sie mich mitkommen«, sagte sie. Er spürte, wie ihr Griff um seinen Arm fester wurde und zögerte.

»Ich denke, Sie bleiben besser hier«, sagte er, und eine Minute später hörte sie das Donnern seines Autos, als es die steile Straße erklomm.

Jerry sprang an der Einfahrt seines Grundstücks aus dem Wagen und rannte den Gartenweg entlang. Er schaltete eine Taschenlampe ein und versuchte die Seitentür. Sie war verschlossen. Er stieß einen Schlüssel in das Schloss und Sekunden später stand er in dem überdachten Verbindungsgang. Weder traf er irgendeinen Eindringling an, noch rechnete er damit. Es roch stark nach Schwefel, und als er das Speisezimmer betrat, war dieses voller Rauch. Ein kleines, von Minter vor seiner Abreise entfachtes Feuer glomm noch im Herd, doch der Raum war leer, ebenso wie sein Schlafzimmer, wo ein weiteres kleines Feuer brannte.

Er durchsuchte jeden Zentimeter des Hauses, ohne auf die kleinste Spur eines Besuchers zu stoßen. Es war unmöglich, dass irgendjemand entkommen war, denn außer der Seitentür waren alle Türen von innen verschlossen, und die Seitentür hatte ein ganz neues Schloss, das unmöglich zu knacken war.

Er kam in das Speisezimmer zurück, und erst dann sah er das Dokument auf dem Tisch liegen. Es bestand nicht aus Papier, sondern aus altmodischem Pergament, und die Worte waren in malerischen alten englischen Buchstaben geschrieben:

> »Deine Gegenwart an diesem heiligen Ort ist eine Entweihung. Verlasse dein Haus, oder der einsame Mönch von Down Hill bringet dir einen schrecklichen Tod.«

Kapitel VII
Fußspuren auf dem Dach

Wie war das Pergament dorthin gelangt? Als er sich umsah, wurde ihm die Lösung klar. Der Tisch stand in der Nähe des Fensters, und über dem Fenster befanden sich zwei kleine Belüftungsscheiben; eine von ihnen stand offen. Das Schriftstück hätte von außen hereingestoßen werden können, und die Chancen standen gut, dass es dann auf den Tisch fiel. Er öffnete das Fenster, um die Dämpfe entweichen zu lassen, setzte sich hin und dachte über die Situation nach.

Plötzlich kam ihm ein Gedanke; er ging zum Feuer und betrachtete es sorgfältig. Über der rot glühenden Kohle lag die Asche verbrannten Papiers. Im nächsten Raum machte er die gleiche Entdeckung. Langsam dämmerte ein Lächeln auf seinem Gesicht.

»Das ist es also, ja?«, murmelte er, verließ das Haus und nahm aus dem Durchgang eine Trittleiter mit sich. Sein Haus war eher in den Hügel hineingebaut, als auf ihm errichtet, und die Felder dahinter waren fast auf einer Ebene mit dem Dach. Vorsichtig stieg er die Leiter hinauf. Eine Sekunde später stand er auf einer kleinen Steinbrüstung, die das Dach umrundete. Nun gab es keinen Zweifel mehr, was der Besucher getan hatte; die schneebedeckten Schieferplatten waren über und über mit Fußspuren bedeckt, die direkt auf den Schornstein zuführten. Er beendete seine Untersuchung und kehrte ins Haus zurück. Wer auch immer der Geist von Down Hill war, es bestanden keine Zweifel mehr, mit welchen Methoden er den Effekt hervorgerufen hatte, der Jeremiah und das Mädchen so erschreckt hatte. Zwei Pakete bengalisches Feuer waren gleichzeitig in die beiden Schornsteine geworfen worden, waren ins Feuer gefallen und hatten das rote Glühen hervorgerufen.

Um das Mädchen zu beruhigen, ging er zu seinem Wagen und kehrte zu Mr. Stuarts Haus zurück. Sie wartete noch immer, in einen Pelz gehüllt, am Gartentor.

»Nichts aufregendes«, sagte er sorglos. »Ein paar der Feuerwerkskörper, die ich eigentlich zur Neujahrsfeier zünden wollte, hatten zu nahe am Kamin gelegen und sind losgegangen.«

»Es hätte böse ausgehen können«, sagte sie. »Ihr Haus hätte niederbrennen können.«

»Ich denke, so schlimm war es nicht«, sagte Jeremiah.

Sie unterhielten sich noch eine Weile, dann fuhr er nach Hause. Auf halbem Weg den Hügel hinauf, glaubte er eine Gestalt in den Büschen verschwinden zu sehen. Er bremste scharf und sprang hinaus. Der Mann wollte fliehen, doch nach ein paar Schritten hatte Jeremiah ihn eingeholt.

»Lass dich mal ansehen, Freundchen«, sagte er und packte den Fremden am Arm; dann wich er überrascht zurück, denn es war Minter.

»Warum zum Teufel schleichen Sie sich in die Büsche?«,

wollte Jerry verärgert wissen. »Nun hören Sie mal zu, Minter, inzwischen habe ich langsam genug von diesem Rätselraten. Sie kommen mit mir nach Haus und erklären mir, was Sie hier zu suchen haben. Ich dachte, Sie sind in London, am Krankenbett Ihrer Schwester.«

Der Mann antwortete nicht, doch er stieg auf das Trittbrett des Wagens und begleitete Jerry zum Haus zurück.

»Nun, Minter«, sagte Jeremiah grimmig, nachdem er die Tür geschlossen hatte. »Ich erspare Ihnen die Mühe, sich weitere Märchen über den Geist von Down Hill auszudenken; ich werde sogar die Lüge Ihrer Rückkehr nach London verzeihen, oder dass Sie mich für den toten Mönch hielten und sich vor Angst versteckten. Ich will jetzt die Wahrheit hören.«

Minter war in grobe Knickerbocker[1] gekleidet, über denen er einen schweren irischen Ulster[2] trug. Die direkten Fragen seines Arbeitgebers schienen ihm nicht das Geringste auszumachen, und sein ruhiges Gesicht blieb die ganze Zeit über unbewegt.

»Wenn Sie mir nicht glauben«, sagte er auf seine weiche, glatte Art, »dass ich gerade ins Haus zurückkehren wollte, als Sie mich einholten, dann habe ich keine andere Erklärung, Sir.«

»Warum sind Sie weggelaufen?«, fragte Jeremiah streng.

»Ich gebe zu, das war ein Fehler«, antwortete Minter und neigte ernst den Kopf. »Ich hätte stehen bleiben und mich erklären sollen. Die Wahrheit ist, Mr. Jowlett, ich wusste nicht, dass Sie in dem Wagen saßen.«

»Unsinn!«, schnappte Jerry. »Sie kennen den Klang meines Wagens genauso gut wie den Klang von Big Ben. Nun, was haben Sie dazu zu sagen?«

Doch Mr. Minter hatte offenbar keine Erklärung anzubieten, denn er schwieg.

»Schön«, sagte Jeremiah. »Dann werde ich Sie morgen aus meinen Diensten entlassen, verstehen Sie, Minter? Ich kann keine höllischen Geheimnisse gebrauchen.«

---

1 Halblange, weite Pumphose mit Bündchen unter dem Knie, nach Irvings Romangestalt Dietrich Knickerbocker aus »History of New York«.

2 Loser, zweireihiger Mantel.

Plötzlich kam ihm ein Gedanke.

»Sie sind nicht zufällig heute Nacht auf dem Dach des Hauses gewesen?«, fragte er sardonisch und Mr. Minter lächelte.

»Nein Sir, ich war nicht auf dem Dach«, sagte er. »Doch ich bin um das Haus gelaufen; Sie werden vielleicht meine Fußspuren bemerkt haben, obwohl ich mich bemüht habe, möglichst auf dem Weg zu bleiben.«

»Haben Sie das Feuer gesehen?«

»Das bengalische Feuer«, korrigierte der andere. »Ja, das habe ich gesehen.«

»Haben Sie gesehen, wie ich nach Hause kam?«

Minter nickte.

»Ich sah auch, wie Sie …«

Krach!

Sie standen nahe am Fenster, als sie unterbrochen wurden. Die große Glasscheibe zersplitterte in tausend Stücke und etwas fiel schwer auf den Boden. Jerry starrte Minter mit offenem Mund an, als dieser sich bückte und etwas aufhob.

»Wie lustig, Sir«, sagte Minter und hielt ein großes, weißes Etwas in der Hand, und trotz seiner Selbstbeherrschung schauderte Jeremiah. Es war ein menschlicher Schädel, der durch das Fenster geflogen war!

Am nächsten Morgen war Jeremiah Jowlett zeitig in London, und anstatt in sein Büro zu gehen, begab er sich direkt nach Scotland Yard, wo er ein Treffen mit dem Superintendenten hatte.

Der Beamte hörte zu, ohne Jeremiahs Bericht zu unterbrechen.

»Was soll ich tun?«, fragte er, als Jerry seine Geschichte beendet hatte.

»Geben Sie mir den besten Detektiv, den Sie haben, Sir. Ich würde Leverett bevorzugen, der ein besonders kluger Mann sein soll, denn ich bin sicher, dass hinter all diesen geisterhaften Warnungen etwas besonders Böses steckt, und ich verbinde Carters Tod …«

»Mit dem Geist?«, fragte der Kriminalbeamte leise.

»Mit dem Geist«, sagte Jeremiah.

Der Superintendent schüttelte den Kopf.

»Ich fürchte, Leverett kann ich Ihnen nicht geben, er arbeitet bereits seit einiger Zeit an einem alten Fall, der Flack-Geschichte. Vielleicht haben Sie schon davon gehört?«

»Ich habe von der Flack-Bande gehört«, lächelte Jeremiah. »Was macht Leverett genau?«

»Er versucht, das vom Dampfer gestohlene Geld wiederzubeschaffen. Sie werden sich erinnern, dass die Flacks mit einem riesigen Schatz entkommen sind, und bisher ist nicht ein Penny des Geldes wieder aufgetaucht. Ich könnte Ihnen Jackson geben, der ein ziemlich schlauer Kerl ist.«

»Da ist noch eine weitere Sache, Sir John«, sagte Jeremiah, und schien nur widerwillig fortzufahren. »Es geht um meinen Diener Minter; ein ausgezeichneter Bursche«, erklärte er, »aber ich habe Ursache anzunehmen, dass er mehr von dieser Geistergeschichte weiß. Um genau zu sein: Ich habe den Eindruck, dass er der Geist sein könnte.«

Er nahm eine kleine Brieftasche aus dem Jackett und holte ein Foto hervor.

»Das habe ich von Minter geschossen, als er nicht hingesehen hat; vielleicht können Ihre Leute ihn identifizieren. Ich hasse es, schlecht von dem Mann zu denken, der mir ein besonders guter Diener war, doch unter diesen Umständen …«

Der Superintendent nahm die Fotografie aus Jerrys Hand und betrachtete sie.

»Kennen Sie ihn, Sir?«

»Mir kommt das Gesicht bekannt vor.«

»Er ist ein Mitglied der Flack-Bande«, sagte Jeremiah mit plötzlicher Eingebung.

»Ich werde Leverett fragen«, sagte der Superintendent. »Und inzwischen, Mr. Jowlett, werde ich dafür sorgen, dass Ihr Haus beobachtet wird. Das muss eine äußerst beschwerliche Erfahrung für Sie sein.«

»Für den Geist wird es bald noch beschwerlicher sein«, sagte Jerry unfreundlich.

Er hatte mit Minter vereinbart, dass er seine Kleidung und die persönlichen Dinge in James Stuarts Haus bringen könne, und als er an diesem Abend dorthin zurückkehrte, hatte er das Gefühl, nach Hause zu kommen.

Er fand den pflichtbewussten Minter sehr gelassen in seiner neuen Umgebung vor.

»Diesen Burschen bringt nichts aus der Ruhe«, sagte Jerry mit widerstrebender Bewunderung. »Als stände er schon immer in den Diensten Ihres Onkels.«

Margot lachte.

An diesem Abend sah sie ungewöhnlich schön aus, dachte Jerry und hoffte, dass Mr. Stuarts Erforschung spiritistischer Phänomene ihn wenigstens eine Woche lang beschäftigen würde. Allerdings fühlte er sich ein wenig schuldig, dass er dem alten Mann überhaupt erlaubt hatte, in sein Haus zu gehen. Das Gewissen plagte ihn an diesem Abend beim Essen.

»Wissen Sie, Mr. Stuart«, platzte er heraus, als sie bei Kaffee und Dessert angelangt waren, »ich denke, ich sollte Ihnen sagen, dass all diese sogenannten Erscheinungen auf menschlichem Handeln beruhen.«

Der alte Mann wandte sich mit ernstem Blick an Jeremiah.

»Das sagen die Uneingeweihten über alle Erscheinungsformen«, sagte er ruhig.

»Aber ich habe das Gefühl, dass ich Sie betrüge, wenn ich Ihnen erlaube, in meinem Haus zu forschen«, sagte Jerry.

»Ich bin bereit, betrogen zu werden«, sagte Stuart mit leisem Lächeln.

»Ich habe dich heute gesehen.«

Das Mädchen hatte gesprochen, und es hatte sich an den Onkel gewandt.

Er hob die zottigen Augenbrauen.

»Du hast mich gesehen, meine Liebe«, sagte er sanft. »Und wo hast du mich gesehen?«

»In Seaford«, sagte das Mädchen lächelnd.

»Du warst in einem großen Motorboot, obwohl es fast zu groß war, um es Motorboot zu nennen; es war beinahe eine

Yacht. Ich musste dorthin, um Rheumamedizin für Mrs. Wilmot zu kaufen«, sagte sie.

»Du hättest nach Eastbourne fahren sollen, dort ist die Straße nicht so schlecht«, sagte er kurz angebunden, und dann, nach einer langen Pause: »Ja, ich habe das Boot ausprobiert. Ich überlege, ob ich es kaufe, aber ich bin nicht besonders scharf auf das Meer.«

»Aber es war ein ganz neues Boot, gerade erst aus London geliefert, und sie sagten, dass es dir gehört.«

Er lächelte.

»Da war der Wunsch wahrscheinlich Vater des Gedankens«, sagte er gut gelaunt. »Der Herr, der dir diese Information gab, war wohl der Besitzer, der es mir mit Gewinn verkaufen will.«

Er wechselte das Thema.

Als es neun Uhr schlug, wünschte er ihnen Gute Nacht und machte sich mit einer kleinen Tasche und Jeremiahs Schlüsseln auf den Weg.

»Morgen früh werde ich wohl ein paar bedeutende Informationen mitbringen«, sagte er. »Ich bin heute Nacht in besonders guter Stimmung, und es besteht kaum ein Zweifel, dass mir diesmal die Kommunikation mit jenen auf der anderen Ebene gelingen wird.«

»Zum Wohl«, sagte Jeremiah, dem nichts Passenderes einfiel.

»Armer Onkel«, sagte das Mädchen, nachdem der ältere Mann gegangen war. »Er glaubt wirklich an Gespenster, wissen Sie.«

»Ich bin geneigt, selbst an sie zu glauben«, sagte Jeremiah leichthin. »Um ehrlich zu sein, ich hoffe, dass man in Down Hill vor Geistern kaum treten kann, denn dann wird Mr. Stuart noch für ein Jahr dort beschäftigt sein.«

Er nahm ihre Hand und sah, wie sie sich verfärbte.

»Margot«, sagte er. »Wie lange muss ein Mann eine junge Frau kennen, bevor er sich heillos in sie verliebt?«

Sie versuchte, ihre Hand zurückzuziehen, doch er hielt sie fest.

»Ich weiß, dass dies nicht die beste Zeit für Liebeserklärungen ist, und dass ich nach gewissen Verhaltensregeln verwerflich handle«, sagte er ernst. »Doch Margot, ich kann meine Frage selbst beantworten. Es dauert nur so lange, wie wir beide uns kennen, um sich zu verlieben.«

»Spielen Sie Schach?«, fragte sie hastig.

»Ich spiele alles außer Flöte«, sagte Jeremiah.

An diesem Abend war er ein sehr glücklicher Mann, denn er hatte die Antwort auf seine unausgesprochenen Fragen in den feuchten Augen des Mädchens gelesen, und als er schließlich zu Bett ging (es befand sich in Mr. Stuarts Privatgemach) schien er auf Wolken zu gehen.

Der nächste Morgen brachte ihnen James Stuart, der zwar ein wenig müde aussah, ansonsten aber voller Zuversicht war. Er hatte eine erstaunliche Geschichte von einer Heimsuchung zu erzählen, und von einer langen Unterhaltung mit einem der zahllosen Geister, die in Down Hill umgingen, doch er blieb nur zehn Minuten und kehrte dann wieder in das Haus zurück.

Jeremiah fuhr in die Stadt und nahm Minter mit sich. Er hatte einige Einkäufe zu tätigen und wollte, dass dieser Weihnachtstag ein unvergessliches Erlebnis wurde, nicht nur für ihn selbst, sondern auch für die Frau, die er liebte.

Sie kehrten nach Einbruch der Nacht nach Arthurton zurück, und der Schnee fiel sanft aber stetig vom Himmel.

»Es sieht so aus, als würde es eine wilde Nacht geben, Minter«, sagte Jerry und sprang in den Wagen.

»Ja, Sir«, stimmte Minter zu.

Der Wind blies in launenhaften Böen, und lange bevor sie das Haus erreichten, waren beide Männer mit weißen Flocken bedeckt.

Jerry konnte Down Hill nicht sehen; der Schneefall bildete einen undurchdringlichen Schleier, der nicht nur den Bungalow, sondern den ganzen Hügel verbarg.

Margot war damit beschäftigt, das Haus mit Stechpalme und Tannengrün zu dekorieren, und Jerry verbrachte einen glücklichen Abend, ihr dabei zur Hand zu gehen. Er erlaubte

Minter, der an einer Erkältung litt, früh zu Bett zu gehen, doch das war für Jerry kein großes Elend, denn er wollte mit dem Mädchen allein und ungestört sein.

Sie hatten ihre Arbeit fast beendet, als Jeremiah ein besonderes Geschenk einfiel, dass er Minter zum Tragen gegeben hatte. Es war für Mr. James Stuart bestimmt und befand sich nicht unter den anderen, auf dem Tisch aufgestapelten Paketen. Minter würde so zeitig noch nicht schlafen, dachte er und stieg die Treppe zu seinem Zimmer hinauf. Er klopfte an die Tür, doch da niemand antwortete, drehte er den Knauf und trat ein. Das Zimmer war leer, das Bett war unberührt, und ein sehr gedankenverlorener Jeremiah kehrte zu Margot zurück.

Niemand hatte Minter gesehen, weder die Haushälterin Mrs. Wilmot, deren Rheumatismus das Mädchen nach Seaford geschickt hatte, noch einer der anderen Diener, die nach Margots Ankunft eingestellt worden waren.

»Er sagte, er sei erkältet, also ließ ich ihn zu Bett gehen«, sagte Jeremiah beunruhigt. »Ich verstehe es nicht, und mir ist nicht wohl dabei. Wäre er wirklich erkältet, dann würde er in einer solchen Nacht nicht ausgehen, und ginge es ihm gut, dann hätte er irgendeinen Grund für seine Lüge gehabt.«

»Vielleicht hatte er etwas in Ihrem Haus vergessen und ist dorthin zurückgekehrt«, schlug Margot vor. »Jetzt seien Sie nicht dumm, Jeremiah, und helfen Sie mir mit dieser Stechpalme.«

Es wurde Mitternacht, das Mädchen war zu Bett gegangen, doch noch immer war Minter nicht zurückgekehrt. Jerry besuchte dessen Zimmer dreimal, doch um ein Uhr entschied er sich, abzuschließen und schlafen zu gehen. Aber wie sollte Minter hereinkommen? Minter machte ihm zu schaffen. Dieser glatte, ruhige Mann, der sich durch nichts stören ließ und den auch das außergewöhnlichste Ereignis kalt ließ, entwickelte sich allmählich zu einem ebenso unlösbaren Problem wie der Geist von Down Hill.

Um zwei Uhr morgens begab sich Jerry in sein Zimmer und legte sich hin, zog die seidene Bettdecke über sich und erwartete jeden Moment, durch Minters Klopfen aufgeschreckt zu werden. Doch kein Geräusch erklang. Nachdem er eine Stunde so gelegen hatte, stand er auf und sah aus dem Fenster. Es schneite noch immer, und bis auf das schwache Rauschen des Windes und das ferne Tuten eines Nebelhorns war es ganz still.

Er fragte sich, was der alte Mann in dem einsamen Haus auf dem Hügel tun mochte, und trotz seiner Verärgerung lächelte er. Dann hörte er das leise Schnurren eines Automotors. Der Wind trug es in kleinen Böen zu ihm, mal laut, mal fast unhörbar. Er öffnete die Fensterläden und lehnte sich hinaus, spähte in die Dunkelheit. Näher und näher kam das Geräusch, und da erkannte er, dass es sein eigener Wagen war, den er vergangene Nacht in der Garage auf dem Hügel geparkt hatte.

Nein, er irrte sich nicht; Jeremiah hätte dieses Geräusch unter einem Dutzend anderer erkannt. Plötzlich erstarb das Schnurren, der Motor hatte gestoppt. Eine leise Stimme erklang unheimlich in der Stille der Nacht, schrill und unverständlich. Eine andere Stimme antwortete, dann gab es eine Pause. Mit einem Mal peitschte ein Schuss, klar und deutlich. Ihm folgte ein zweiter, dann ein dritter in schneller Folge.

Jerry wartete, doch weiter war nichts zu hören. In drei Sekunden hatte er das Haus verlassen und rannte durch den tiefen Schnee in die Richtung, aus der das Geräusch gekommen war.

Er hörte das Dröhnen seines Wagens und sprang gerade noch rechtzeitig zur Seite, um nicht umgefahren zu werden. Das Auto fuhr ohne Licht, und bevor es in der Nacht verschwand, konnte er eine zusammengekauerte Gestalt am Steuer erkennen.

Er stand stocksteif da, verwirrt und ratlos. Dann ertönte ein ferner Schrei aus der Richtung, in die das Auto gefahren war; er tauchte in eine Schneewehe ein, die ihm fast bis zur Hüfte ging und versuchte, den Mann zu erreichen, der den Schrei ausgestoßen hatte. In seiner Tasche entdeckte er die Lampe und ließ das Licht aufblitzen. Noch bevor er seine genaue Position bestimmen konnte, wusste er, dass er in einem der tiefen Gräben gelandet war, die sich zu beiden Seiten der Straße hinziehen. Um besser voranzukommen, kämpfte er sich auf die Straße zurück.

»Wo sind Sie?«, rief er.

»Hier«, schrie eine schwache Stimme und er bog in die schmale Gasse ein, die zur Down Hill-Farm hinaufführte.

Plötzlich hielt er inne und sein Blut gefror. Vom Boden starrte ihm das schreckliche, fleischlose Gesicht des Mönchs entgegen. Er blieb nur einen Augenblick stehen, dann bückte er sich und hob das Ding auf. Es war eine Maske, offensichtlich von jemandem fallengelassen, und ebenso offensichtlich Teil der Ausrüstung des »Geists«.

»Wo sind Sie?«, rief er wieder.

»Hier«, rief eine nahe Stimme, und er richtete seine Lampe auf eine Gestalt am Boden, die bereits halb vom Schnee bedeckt war.

»Mein Gott«, schnappte er. »Minter!«

Minters weißes Gesicht war blutbespritzt, und trotzdem brachte der Mann ein Lächeln zustande.

»Mein Name ist nicht Minter«, sagte er. »Ich bin Inspektor Leverett von Scotland Yard und ich fürchte, ich bin schwer verletzt.«

Es dauerte einige Zeit, bis Jeremiah Hilfe holen konnte, um den verwundeten Mann ins Haus zu schaffen, doch schließlich wurde Leverett im Salon auf Kissen gebettet. Mrs. Wilmot entzündete ein Feuer und bereitete ein Stärkungsmittel vor.

Jerry hatte einige medizinische Kenntnisse und sah sofort, dass die beiden Wunden in Kopf und Schulter nicht so schlimm waren, wie er befürchtet hatte; eine Ansicht, die Arthurtons einziger Arzt mit ihm teilte.

»Wer hat das getan?«, fragte Jeremiah.

»John Flack«, war die Antwort. »Ich habe ihn seit fünf Monaten beobachtet, und nun ist der Teufel verschwunden, aber aus England wird er nicht entkommen, das schwöre ich. In welche Richtung ist er verschwunden, Sir?«

»War er im Auto?«, fragte Jeremiah.

Der Mann nickte und zuckte vor Schmerz zusammen.

»Ich glaube, er fuhr in Richtung Seaford«.

»Seaford«, keuchte Inspektor Leverett. »Hatte die junge Dame nicht gesagt, sie würde ein Motorboot ausprobieren? Vermutlich will John Flack auf diesem Wege fliehen.«

»Nein, es war Mr. Stuart, der das Motorboot ausprobieren wollte«, sagte Jeremiah.

Der Mann blickte sich um.

»Ist die junge Dame hier?«, fragte er mit leiser Stimme.

Jeremiah schüttelte den Kopf. »Nein, Gott sei Dank schläft sie noch immer.«

»Gut«, sagte Leverett und betrachtete Jeremiah neugierig. »Sie meinten, dass Mr. Stuart ein Boot in Seaford gehört«, sagte er. »Und ich sagte Ihnen, dass John Flack wahrscheinlich mit einem Boot entkommen will. Ich werde Ihnen nun etwas erzählen, dass Sie möglicherweise überraschen wird, Mr. Jowlett. Flack und John Stuart sind ein und dieselbe Person!«

Kapitel VIII
Das letzte Kapitel

Margot Panton lernte die Geschichte über die Vergangenheit ihres Onkels nie kennen. Sie hatte nur gehört, dass er ins Ausland gegangen war und wusste nicht einmal, dass das Wrack seines Motorboots vier Tage später im Kanal gefunden worden war. Für sie ist John Stuart noch immer die freundliche Erinnerung an einen angenehmen und exzentrischen alten Mann, der England hastig und unerwartet in einer wilden Winternacht verließ und seither nicht zurückgekehrt ist.

Jeremiah ersparte ihr das Wissen, und als er sein Haus in Arthurton verkaufte, den Besitz von James Stuart ohne Befugnis veräußerte und der jungen Frau den Erlös überschrieb, ging sie davon aus, dass er im Auftrag von Mr. Stuart handelte.

Selbst als sie drei Monate später heirateten, zeigte ihr Jeremiah niemals den Brief, den ihm Inspektor Leverett eine Woche nach den Ereignissen geschickt hatte.

»Sehr geehrter Mr. Jowlett«, begann der Brief.

»Ich denke, ich schulde Ihnen eine Entschuldigung und eine Erklärung, die über die wenigen Bemerkungen hinausgeht, die ich in der Nacht machte, in der Sie mich vor dem Erfrieren retteten.

Vermutlich wissen Sie genauso viel über die Flack-Bande wie ich. Die Bande wurde durch einen der klügsten Gauner der Welt organisiert; sein wirklicher Name war James Stuart. Stuart war viele Male in den Händen der Polizei, doch immer unter dem Namen John Flack. Er war ein schlauer Bankräuber und musste für seine Verbrechen dreimal ins Zuchthaus. Daraus erklärt sich auch seine häufige Abwesenheit von Zuhause, denn als man ihn auf Expedition in Brasilien oder Peru wähnte, saß er in dieser Zeit im Gefängnis.

Niemand wusste, dass der weißbärtige Gentleman, der in Arthurton lebte, in Wahrheit Flack war, und bis vor etwa sechs Monaten hatte ich keine Ahnung von den Umständen. Flacks – oder Stuarts – letzter Streich war der Einbruch in den Tresorraum eines Passagierschiffs. Er und seine beiden Begleiter entkamen mit fast einer Million Dollar Papiergeld; die Polizei war ihnen dicht auf den Fersen. Der dritte Mann der Bande ertrank beim Versuch, einen Fluss zu durchschwimmen, Flack und Sibby Carter gingen getrennte Wege und vereinbarten, sich in London zu treffen. Die Polizei griff Sibby Carter auf, erfuhr von ihm die Richtung, in die sich Flack gewandt hatte und machte sich auf die Suche nach dem Bandenführer. Flack musste gewusst haben, was vor sich ging, denn er tauchte in der Gegend unter, die er am besten kannte: In Arthurton, wo er lebte und von seinen Nachbarn respektiert wurde, die nicht die leiseste Idee hatten, dass er einer der größten Ganoven der Welt war.

Doch er wagte es nicht, nach Hause zu gehen, denn sein größter Trumpf war seine Identität als Stuart, und er hatte den Verdacht, dass sich die Polizei nicht abschütteln lassen würde. Er traf in der Nacht in Arthurton ein und sein erster Schritt war, die Beute zu vergraben. Er wählte dazu einen Punkt auf der Hügelspitze, wo früher einmal ein Kloster gestanden hatte und wo es jetzt spuken sollte. Dort, tief im Erdboden, vergrub er eine Stahlkiste mit der Beute.

Nachdem er den Ort sorgfältig vermerkt hatte, fuhr er nach London, um seine Verfolger zu verwirren, doch zwei Tage später wurde er in Charing Cross festgenommen. Er schwor, dass er das Geld verloren hatte und wurde für sieben Jahre ins Zuchthaus geschickt, ebenso wie sein Spießgeselle Carter. Die beiden Männer wurden nur wenige Tage nacheinander freigelassen, doch unglücklicherweise entließ man Flack zuerst. Carter, der seinen Anteil der Beute haben wollte und der auch wusste, dass sein Chef sie versteckt hatte, machte sich auf die Suche nach dem Versteck.

Er musste etwas über Stuarts Identität wissen, denn kurz nach seiner Entlassung erschien er in Arthurton. Es war seine Ankunft in Arthurton, die mich dorthin brachte, denn ich folgte Sibby Carter auf der Suche nach dem gestohlenen Eigentum. Carter wollte unbedingt das Geld haben, doch er hatte auch eine gewisse Angst vor Stuart. Ich habe keinen Beweis, dass er je wieder mit diesem gesprochen hat, außer in der Nacht, in der er sein Leben verlor. Doch ich eile voraus.

Stuart, aus dem Gefängnis entlassen, kam nach Hause zurück und entdeckte zu seinem Entsetzen, dass genau an der Stelle, wo das Geld versteckt lag, ein Bungalow errichtet worden war. Sein erster Gedanke war, dass der Bauherr oder jemand vom Vermessungsbüro das Geld gefunden haben musste und nichts davon gesagt hatte. Also besuchte er den Landvermesser, der zu dieser Zeit einen Termin mit der Gemeinde Eastbourne hatte, bedrohte den Mann mit einer Pistole und untersuchte seine Sparbücher, um zu erfahren, ob während der Zeit der Bauarbeiten eine große Summe auf dessen Privatkonto eingezahlt worden war. Als er dort nichts fand, wandte er sich als nächstes an den Bauleiter, einen Mann namens Staines, und unterzog ihn der gleichen Behandlung. Als auch diese Suche fehlschlug, war er sicher, dass sich das Geld noch immer unter dem Haus befinden musste. Sein sorgfältig ausgearbeiteter Plan sah vor, den Bewohner so in Angst und Schrecken zu versetzen, dass er seine Suche ungestört fortsetzen konnte.

Leider war ich bereits in Arthurton angekommen und wusste, das Sibby Carter in der Gegend war. Ich hatte den starken Verdacht, dass James Stuart und John Flack ein und dieselbe Person waren, daher bemühte ich mich, als Butler in Ihre Dienste zu kommen – eine Stellung, in der ich Ihnen, wie ich glaube, keinen Anlass zu Beschwerden gegeben habe.

Ich rasierte mir den Bart ab, und das war mein Glück, denn ansonsten hätte mich Stuart sicher erkannt.

In der Nacht, in der Sibby Carter ermordet wurde, beobachtete ich das Haus mit einem starken Nachtfernglas und sah, wie sich zwei Männer unterhielten. Sie müssen zur Vorhalle gegangen sein, und dort brachte James Stuart, der ein enorm kräftiger alter Mann war, seinen einstigen Spießgesellen zum Schweigen, indem er ihm das Genick brach. Vielleicht hatte Carter gedroht, Stuart auffliegen zu lassen. Das Motiv für den Mord liegt keineswegs im Dunkeln; es gab viele Gründe, warum es notwendig schien, Carter aus dem Weg zu räumen.

Der Rest der Geschichte ist klar. Stuart, der sich als Spiritist ausgab, erlangte Zutritt zu Ihrem Haus. In der Nacht, als er tief in Ihrem Keller grub und die Metallkiste zum Vorschein brachte, habe ich ihn beobachtet. Ich folgte ihm die Hügelstraße hinab durch den Sturm und hängte mich an seinen Wagen. Ich wusste, dass er seinen letzten Ausflug machte, und dass die Kiste neben ihm das gestohlene Geld enthielt. Als wir die Straße erreichten, dachte ich, es sei an der Zeit, mich zu offenbaren. Ich sprang auf das Trittbrett, hielt ihm einen Revolver unter die Nase und verlangte, dass er sich ergab. Gleichzeitig ergriff ich die Metallkiste und warf sie vom Wagen. Bevor ich wusste, wie mir geschah, hatte er mich schon niedergeschossen, und das ist die ganze Geschichte.

Das Geld ist nun in Sicherheit, und ich glaube, es ist unnötig, dass Miss Panton mehr erfährt, als sie bereits weiß.

Eine Sache können Sie ihr erzählen, denke ich. Sie können ihr sagen, dass Ihr Onkel den Geist von Down Hill endgültig zur Strecke gebracht hat.

Ihr sehr ergebener Frederick Leverett.«

Taschenschmöker aus Vergangenheit und Gegenwart

Neu und wieder aufgelegt

Berlin 2015

Der Gürtel der Königin von Saba

Eine Kriminalerzählung von

Edgar Wallace

Aus dem Englischen von Meiko Richert

Edition Dornbrunnen

Taschenschmöker aus Vergangenheit und Gegenwart

Deutscher Text nach der Originalausgabe

Übersetzung aus dem Englischen von Meiko Richert
(The Queen of Sheba's Belt)

Korrekturen und Lektorat: Michael-Peter Jachmann

»Ich denke, mehr ist dazu nicht zu sagen.«

Die Frau erhob sich langsam aus dem tiefen Sessel und zog das Band ihres Umhangs mit leichtem Frösteln fest um die Schultern.

Die Terrasse vor Wensley Hall war verwaist. Die sanften Klänge des neuesten ungarischen Walzers schwebten zu dem Paar hinaus, und der weiche Schleier der Töne lag im Einklang mit der feierlichen Pracht des mondhellen Weges, der sich zu ihren Füßen dahinschlängelte.

Der Mann hatte sich mit ihr erhoben. Er war groß, gut aussehend und Ende dreißig; sein gerader Rücken und die eckigen Schultern sprachen beredsam vom Militär. Sein feines Gesicht war von dem Schmerz verhärtet, den er dieser schönen Frau gern erspart hätte.

Im Mondlicht sah sie ungewöhnlich bleich aus; eine wundervoll geformte Gestalt mit dunklem Haar, gebieterisch und stolz; man konnte es am frechen Aufschlag ihrer Wimpern sehen, an der Linie ihres Kinns.

Doch jetzt war sie voller Demut.

»Nein, ich denke nicht, dass viel dabei herauskommt, wenn wir es weiter besprechen«, sagte der Mann mit nervösem Lachen. »Ich wundere mich über mich selbst, dass ich so leidenschaftslos darüber reden kann; aber das ist nur, weil ich ehrlich zu dir sein möchte, Anna – es tut mir leid!« Er korrigierte sich hastig. »Es ist eine Angewohnheit, die man nicht so schnell loswird – Lady Wensley.«

Als wären sie beide von dem gemeinsamen Wunsch getrieben, sich so weit wie möglich von dem Haus zu entfernen, liefen sie bis zum Rand der Terrasse.

»Glaubst du, dass ich dich schlecht behandelt habe?«, fragte sie und lehnte sich über die Brüstung an seiner Seite.

Sie sprach schnell, denn sie wusste, die Zeit für ihr Anliegen war allzu kurz bemessen.

»Ich glaube nicht, dass du dich mir gegenüber ganz korrekt verhalten hast«, sagte er. »Ich möchte ehrlich zu dir sein. Ich weiß jetzt, dass du das große Geld heiraten wolltest, doch du hättest mir einen Hinweis geben können, dass deine Gedanken und Wünsche in diese Richtung gehen.«

Dennoch, bemerkte sie verwundert, lag kein Vorwurf in seiner Stimme.

»Die erste Nachricht von deiner Hochzeit kam genau mit dem Brief, in dem ich eigentlich deine endgültigen Wünsche für den Ehevertrag erwartete. Du hattest nichts gesagt, keine Andeutung über deine geänderten Ansichten gemacht, und als der Brief in Indien ankam, warst du schon verheiratet. Das war ein ziemlich harter und bitterer Schlag für mich«, sagte er ernst.

»Du hast es recht gut aufgenommen, Ronald«, sagte sie mit einem kleinen Lächeln.

Er wandte den Kopf; sein Gesicht war streng und spiegelte keine Spur ihrer Belustigung.

»Gott gibt den Menschen Kraft in der Stunde der Not«, sagte er nüchtern. »Erinnerst du dich an deinen ›Jahrmarkt der Eitelkeit[1]‹? Da war doch dieser schrecklich brave Bursche, der vielleicht der Held der Geschichte gewesen wäre, wenn Thackeray einen Helden geduldet hätte. Erinnerst du dich, was er zu dem Mädchen sagte, dessen Launen er so lange erduldet hatte? Wahrscheinlich nicht. Er sagte: ›Du bist meiner nicht würdig‹. Als ich deinen Brief das zweite Mal gelesen hatte, kam mir diese gesegnete Phrase wieder in den Sinn. Abgedroschen, nicht wahr?«, sagte er kurz auflachend. »Aber wie die meisten abgedroschenen Sachen war es sehr beruhigend.«

Sie ließ den Kopf hängen.

»Du bist sehr hart; du verstehst mich nicht.«

---

[1] Jahrmarkt der Eitelkeit *(Vanity Fair, or, a Novel without a Hero, 1847/1848; deutsch 1849)* bekanntester Roman des englischen Schriftstellers William Makepeace Thackeray.

»Ich gebe zu, dass ich das nicht tue, wenigstens damals nicht«, sagte er.

»Du weißt nicht, wie es ist, arm zu sein«, sagte sie mit leiser Stimme.

Er lachte wieder.

»Ich habe kaum jemals etwas anderes gekannt«, sagte er belustigt.

»Und jetzt ist alles vorbei und du hast es vergessen?«

»Ja, alles ist vorbei«, stimmte er zu.

»Und du konntest es vergessen?«

»Nein!«

»Glaubst du, dass Frauen schrecklich sind?«

Ihre Augenbrauen hoben sich fragend, als sie ihn ansah.

»Ich glaube nicht, dass Frauen schrecklich sind«, sagte er. »Aber wie man es auch betrachtet, ich bin absolut sicher, dass du nicht so nett warst, wie du hättest sein können. Belassen wir es dabei.«

Er wandte sich um und wollte zum Haus zurück, doch sie legte ihre Hand auf seinen Arm.

»Einen Augenblick, Ronald«, sagte sie. »Angenommen, … angenommen, …«

Sie verstummte. Ihr Atem ging schnell und in ihren Augen brannte ein seltsames Feuer.

»Angenommen, ich bedaure alles, was ich getan habe, und sehe nun ganz klar die Früchte meiner Torheit?« Ihre Stimme sank zu einem Flüstern herab. »Angenommen, dass ich die Liebe über alles andere stelle? Ah, hör mir zu!«

Sie packte seinen Arm, denn in seiner Verlegenheit wollte er sich von ihr abwenden.

»Geld ist nicht alles, Ronald. Es war boshaft und grausam von mir, ich weiß; doch ich wollte etwas, das mehr als die Liebe ist, und nun will ich die Liebe mehr als alles andere.«

Der diamantene Stern auf ihrem weißen Busen hob und senkte sich schnell; ihre leuchtenden Augen blickten zu ihm auf.

Er schüttelte langsam den Kopf. Als er ihr das Gesicht zuwandte, war es voller Mitleid.

»Es ist zu spät«, sagte er sanft. »Selbst wenn ich ein Schuft wäre, es ist zu spät. Denn wenn du mich nicht liebtest, dann glaube ich nicht, dass ich dich so lieben könnte, wie ein Mann es …«

Mit einem kleinen Aufschrei trat sie zurück.

Nie hatte sie an seiner Liebe gezweifelt. Seine Worte waren wie ein Schlag, doch schwerer zu ertragen.

»Gibt es eine andere?«

Er schlug die Augen nieder und räusperte sich.

»Ja«, sagte er. »Wenigstens glaube ich das. Ich habe endlich die Richtige gefunden.«

Durch das französische Fenster, das sich vom Ballsaal zur Terrasse öffnete, trat ein großer, hochgewachsener Mann. Das Licht des Saals berührte sein weißes Haar und bot dem Paar einen flüchtigen Blick auf sein rotes, joviales Gesicht.

»Hallo! Bist du das, Anna?«, rief er.

Er sah, wie sie einen Schritt von dem anderen Mann zurückwich und eilte auf sie zu.

»Komm mit, meine Liebe, der Radscha[1] hat nach dir gefragt. Hallo Grey!«, begrüßte er den anderen. »Kommen Sie herein, mein Junge. Wenn Sie in mein Alter kommen, werden Sie sehen, dass die sentimentale Leidenschaft für den Mondschein von der natürlichen Furcht vor dem Rheuma gemäßigt wird. Brrrr!«, schauderte er.

»Ich komme in einer Minute, John«, sagte die Frau. »Captain Grey berichtete gerade von seinen Abenteuern in Indien, und du hast uns an der spannendsten Stelle unterbrochen.«

»Tut mir leid«, sagte ihr Mann mit einem schnellen Lachen.

Er richtete seine freundlichen blauen Augen nun auf den jüngeren Mann.

»Ihr Burschen mit euren Abenteuern«, sagte er kläglich, »habt einen enormen Vorteil vor uns armen alten Stubenhockern. Doch der Radscha hat einen Blick auf seinen Schatz

---

[1] Auch Raja: Indischer Fürstentitel.

versprochen. Im Haus gibt es Abenteuer genug, selbst für Sie, Grey«, sagte er.

»Gut, ich komme.«

»Einen Augenblick, Captain Grey«, sagte Lady Wensley verzweifelt. »Ich möchte Sie nur noch etwas fragen.«

Ihr Mann stand einen Moment unschlüssig da, merkte dann, dass er etwas *de trop*[1] war und zog sich anmutig zurück.

»Bleib nicht zu lange, es ist kühl hier draußen«, rief er über die Schulter gewandt.

Sie wartete, bis seine große Gestalt in dem strahlend erleuchteten Saal verschwunden war und wandte sich dann an ihren Gefährten.

»Wie heißt sie?«, fragte sie leise.

Ronald Grey zögerte.

»Das wäre wohl kaum angemessen«, sagte er.

»Bist du verlobt oder nicht?«, fragte sie beinahe grob.

»Ich bin verlobt«, sagte er einfach.

Sie lachte, doch es war kein angenehmes Lachen. Es erzählte von der Enttäuschung, dem Ärger, der Scham und den durchkreuzten Plänen der Frau. Es erzählte auch von der wiedererwachten Liebe, vielleicht sogar von ihrem Entstehen, denn noch nie hatte sie so tief gefühlt wie jetzt.

»Wer ist sie?«, fragte sie wieder.

Bevor er antworten konnte, trat die schlanke Gestalt einer jungen Frau auf die Terrasse und kam auf sie zu.

»Ronald«, rief sie. »Wir warten auf dich.«

Sie lief zu ihm und legte die Hand auf seinen Arm.

Für Lady Wensley gab es keinen Grund, weitere Fragen zu stellen. Das Schweigen des Mannes sagte genug. Er hatte ihr die Demütigung des Wissens ersparen wollen, dass Marjorie Douglas sie aus seinem Herzen verdrängt hatte.

Marjorie war Anna Wensleys Cousine, ein bildhübsches Kind, und offensichtlich innerhalb eines Tages zu voller Weiblichkeit erblüht. Sie war schöner als Lady Wensley, war ebenso

[1] Aus dem Französischen: überflüssig.

groß, ebenso anmutig und von noch bezaubernder Färbung. Als sie sprach, funkelten ihre Augen vor Lachen; sie war voller Aufregung.

»Oh Anna«, rief sie. »Willst du nicht diesen wundervollen Gürtel des Radschas sehen?«

Die Frau nahm sich mit viel Mühe zusammen.

»Es interessiert mich nicht besonders«, sagte sie.

Sie wusste, dass das Tête-à-tête beendet war. Welchen Grund sollte es geben, noch weiter mit ihm zu reden? Das Schlimmste wusste sie nun; sie hatte etwas angeboten, und dieses Angebot war zurückgewiesen worden.

Ganz natürlich hängte sie sich bei ihm ein und ging mit ihm in den Saal zurück.

Man tanzte nicht mehr; die Gäste waren in einer der Ecken des Zimmers um die dunkle Gestalt des Radschas von Jhiopore versammelt. Es war das Krönungsjahr, und Sir John Wensley war die Ehre zugefallen, einen von Indiens reichsten Machthabern zu unterhalten. Sie hatten sich auf einer von Sir Johns Jagdexpeditionen kennengelernt, und er hatte den Vorschlag der indischen Geschäftsstelle begrüßt, diesen dicken und freundlichen Asiaten unter seine Fittiche zu nehmen.

Der Radscha hatte den Vorzug einer Ausbildung in Oxford gehabt und war ein freundlicher und zuvorkommender Gast. Als die kleine Gruppe den Raum betrat, sprach Seine Hoheit gerade mit einem großen, glattrasierten Mann von vornehmer Erscheinung. Das Haar an seinen Schläfen war grau; es lag eine gewisse Stärke in seiner Kieferpartie, doch seine grauen Augen glänzten humorvoll unter struppigen schwarzen Augenbrauen auf die Welt hinaus.

Das tiefe Lachen des Radschas erhob sich über das Stimmengewirr.

»Das wird Sie amüsieren, Sir John«, rief er, als er die Gestalt seines Gastgebers erkannte.

»Was gibt es denn?«, fragte Sir John lächelnd. »Alles, was Claude Trennion sagt, ist darauf angelegt, mich zu amüsieren.«

»Ich weiß nicht, ob es besonders amüsant ist«, sagte Trennion. »Aber ich vermute, dass sogar ein Polizist manchmal ganz witzig sein darf. Ich hatte dem Radscha gerade geraten, dass er im Haus eines so enthusiastischen Antiquitätensammlers, wie Sie es sind, Sir John, besonders auf seinen Gürtel achten sollte.«

»Nun, der Radscha hat mich bis jetzt noch nicht verdorben«, lächelte Sir John. »Doch nachdem ich diesen wunderbaren Gürtel gesehen habe, werde ich wahrscheinlich vor Gier und Neid platzen.«

»Sie werden ihn jetzt sehen.«

Der Radscha erhob sich von seinem Stuhl und winkte einem Diener.

»Sagen Sie meinem Sekretär, dass ich ihn zu sehen wünsche«, sagte er.

Dann wandte er sich an die kleine Schar, die ihn umgab, und sagte würdevoll:

»Es ist eine ziemlich ernste Angelegenheit, den Gürtel der Königin von Saba herumzuzeigen. Verstehen Sie, er ist eines meiner Familienerbstücke. Ich brachte ihn mit mir nach London, weil die Leute im Britischen Museum sehr daran interessiert waren, eine Replik herzustellen. Und obwohl mir meine Untergebenen von Zeit zu Zeit sagen, dass ich der bewundernswerteste Mann bin, das Licht des Himmels und der fruchtbare Boden unter ihren Füßen, vertraue ich ihnen nicht halb so sehr, wie den gesetzten Herren in Ihrem großen Nationalmuseum.«

Rasch schaute er sich um. Sein Blick fiel auf Marjorie, und er nickte.

»Sie, Miss Douglas, sollen diesen Gürtel tragen, denn dann wirkt er am besten. Man kann sich keine Vorstellung von der Faszination des Juwels machen, bis man es von einer wunderschönen Frau getragen sieht.«

Die Worte des Inders ließen das Gesicht der jungen Frau erröten, dennoch war das Kompliment freundlich gemeint. Welche Verlegenheit sie auch immer gefühlt haben mochte, sie verflog beim Eintreffen des dunkelhäutigen Sekretärs des Radschas. Sie wechselten einige Worte in Hindustani, dann entfernte sich der Diener mit einer tiefen Verbeugung.

Trennion beobachtete die Szene neugierig. Auf Sir Johns Einladung hin war er heute aus London gekommen und begrüßte den Ortswechsel. Zu viel Scotland Yard ist nicht gut für die Gesundheit eines Superintendenten, und dank der Krönungsfestlichkeiten waren die letzten paar Monate sehr anstrengend gewesen.

Er interessierte sich immer für Menschen; sie waren sein wichtigstes und einziges Thema. Ihn fesselte die menschliche Natur mehr als jeder Schauspieler.

Er reihte sich in die kleine Gruppe ein, die dem Radscha und seinen Anhängern folgte. Sie gingen durch den langen Korridor von Wensley Hall und die breite Treppe zur Suite des Radschas hinauf. In der Möblierung oder der Ausstattung der Zimmer lag nichts, was auf den Wohnsitz eines der reichsten Männer Indiens hindeutete. Sir John kannte den Geschmack des Radschas gut genug, um bloße Zurschaustellung zu vermeiden. Und tatsächlich, der beleibte, kleine Herrscher der Provinz Jhiopore verzichtete gern auf jeglichen asiatischen Luxus.

Es gab zwei miteinander verbundene Räume. Der innere war das Schlafzimmer Seiner Hoheit, der äußere sein Wohnzimmer und, bis auf Weiteres, sein Staatsamt.

Er bat sie, einen Moment zu warten und verschwand im Schlafzimmer. Ein paar Minuten später kam er wieder heraus und trug ein langes, flaches Etui aus rotem Saffian[1] in der Hand. Er legte es auf den Tisch in der Mitte des Raums, unter die verästelten Lichter des Kronleuchters und öffnete es.

Die kleine Gruppe, die sich um den Tisch drängte, stieß Rufe der Überraschung und des Entzückens aus.

Dort, auf dem blauen Samtkissen lag der Gürtel der Königin von Saba. Es war ein großer Brustharnisch aus mattem Gold, mit ungeschliffenen Diamanten und Smaragden besetzt;

[1] Feines, weiches, evtl. gefärbtes Ziegenleder.

auf beiden Seiten, bündig mit der Brust des Trägers abschließend, saßen zwei Verzierungen, verschwenderisch mit Perlen und Smaragden überzogen.

Er hob den Gürtel vorsichtig aus der Hülle und wog ihn nachdenklich in den Händen.

»Er wiegt fast sieben Pfund«, sagte er, »was die Theorie widerlegt, nach der die moderne Frau körperlich besser entwickelt sein muss als ihre Schwester aus grauer Vorzeit.«

Er nickte Marjorie zu und sie trat vor, ein wenig unbehaglich, aber lächelnd.

»Darf ich Ihre Zofe sein?«, fragte er und legte den großen Gürtel um ihre Taille.

Er passte ihr perfekt. Die uralten Verschlüsse funktionierten noch immer so tadellos wie in den Tagen von Salomos Königin und schnappten hinten ein: Die juwelenbesetzten Schulterstreifen passten genau in die kleinen Schlitze, die Babylons Handwerkskunst so trefflich gefertigt hatte.

Wie sie dort im vollen Glanz der Lichter stand, gab sie ein herrliches Bild ab.

Ronald betrachtete sie in ihrer Anmut und fühlte das Glühen des Stolzes. Ihre Augen trafen sich in einem wissenden und glücklichen Blick.

Lady Wensley hatte diesen Blick bemerkt. Und nun griff etwas nach ihrem Herzen und rüttelte an den Grundfesten ihres Seins. Mit übermenschlicher Anstrengung erlangte sie die Kontrolle über sich selbst zurück.

»Sehr hübsch, Marjorie«, sagte sie gedehnt. »Du siehst aus, als wärest du gerade von der Bühne gestiegen, oder« – mit einem fast unmerklichen Achselzucken – »vom Covent Garden Ball gekommen. Wieviel ist das Schmuckstück wert, Radscha?«

Der kleine Mann blickte auf und zeigte lächelnd seine weißen Zähne.

»Es wäre schwierig, den Wert aus der Sicht eines Kunsthändlers zu bestimmen.« Er warf einen Blick auf Sir John und der Baron nickte. »Doch allein der Materialwert des Goldes und der Edelsteine würde nach den Standards von Hatton Garden[1] 200 000 Pfund betragen.«

Die Gruppe schnappte erstaunt nach Luft.

»Oh, nehmen Sie es mir bitte ab«, sagte Marjorie nervös. »Ich möchte nichts tragen, das so viel wert ist, nicht einmal für kurze Zeit. Einer der Smaragde könnte herausfallen.«

Der Radscha schüttelte den Kopf.

»Genießen Sie das Gefühl noch einen Augenblick«, sagte er. »Denken Sie daran, dass die Königin von Saba den Gürtel wahrscheinlich noch vor dem großen Salomo trug.«

»Bitte nehmen Sie ihn ab«, sagte sie.

Sie war plötzlich weiß geworden; eine Vorahnung des Bösen hatte sie erfasst. Trennion, dem nichts entging, hatte einen Blick auf das Gesicht seiner Gastgeberin geworfen und fragte sich, was dieses Mädchen getan hatte, um die Bosheit zu verdienen, die kurz in den Augen der älteren Frau aufgeflackert war.

Mit flinken Fingern öffnete der Radscha den Gürtel, und das Mädchen, noch etwas weiß im Gesicht, strich mit zitternder Hand das Kleid glatt.

»Mir war plötzlich ganz unheimlich zumute«, sagte sie, nervös lächelnd. »War das nicht dumm von mir?«

»Auch andere Leute hatten dieses Gefühl schon«, sagte der Radscha trocken. »Leute mit stärkeren Nerven als Sie, Miss Douglas.«

Er legte den Gürtel in das Etui zurück und verschwand damit im Schlafzimmer. Kurz darauf kehrte er zurück.

»Was halten Sie davon?«, fragte er Sir John.

»Er ist herrlich gearbeitet«, sagte der Antiquitätensammler und schüttelte bewundernd den Kopf. »Ich hätte mir gewünscht, ihn näher untersuchen zu können.«

»Diese Gelegenheit werden Sie morgen haben«, sagte der Radscha. »Um ehrlich zu sein, bin ich genauso zurückhaltend, den Gürtel zu zeigen, wie manche Leute, ihn zu tragen. Es war

[1] Londons Juwelierbezirk, Bezirk Holburn.

wirklich nicht angemessen, dass ich Miss Douglas bat, ihn anzulegen. Ich selbst halte nichts von diesem lächerlichen Aberglauben.« Er zuckte geringschätzig mit den Achseln. »Doch ich hätte andere Leute nicht bitten dürfen, meine Skepsis zu teilen.«

»Gibt es da eine Legende?«, fragte Trennion.

»Es gibt eine dunkle Geschichte, nach der jeder, der ihn trägt, vom Unglück verfolgt sein soll, oder etwas in dieser Art. Es ist kein besonders mächtiger Talisman, weder für das Gute noch für das Böse.«

Sie gingen in den Ballsaal zurück.

Die Hausgesellschaft, die sich in Wensley Hall versammelt hatte, war sehr klein. Die Beschränkung der Gästezahl war notwendig gewesen, da Sir John gewisse Zweifel gehabt hatte, welche Gefolgschaft der Radscha mit sich bringen würde und wie sie wohnen würden. Es war eine freudige Überraschung gewesen, diesen herzlichen Fürsten als einfachen Mann vorzufinden. Der Radscha von Jhiopore mit seinem großen, runden Körper und dem großen, runden Gesicht war für die meisten Menschen, denen er vorgestellt wurde, eine freudige Überraschung. Er war einer der beststudierten Männer seiner Klasse; ein begeisterter Sportler und nach allen Maßstäben ein guter Kerl.

Trennion dachte daran, als er zur Bibliothek schlenderte. Der »Polizist« war kein Tänzer, und seine Vorstellung von Ruhe waren ein gutes Buch, eine Pfeife und ein Sessel. Mehr verlangte er meist nicht von der Welt.

In einer der Fensternischen fand er einen bequemen Sessel. Sir John war, was den Wohnkomfort betraf, so etwas wie ein Modernist, und diese Nischen, die in gewöhnlichen Landhäusern die Brutstätten von Lungenentzündung und Grippe sind, waren in Wensley Hall die gemütlichsten Ecken.

Als er eintrat, war das Zimmer leer. Ein Licht brannte, und er machte sich nicht die Mühe, die restlichen Lampen einzuschalten. Ihm war nicht nach Lesen zumute; er zündete seine Pfeife an und streckte sich auf dem Sessel aus. Durch das Fenster genoss er die sanfte Aussicht auf die geheimnisvolle, vom gelben Mond erleuchtete Parklandschaft.

Er war ein müder Mann. Er war nach Wensley Hall gekommen, weil er müde war. Sein Kopf nickte, die Pfeife fiel mit einem kleinen Plumps auf den Teppichboden und er schlummerte ein.

Er war kaum eingeschlafen, als er vom Geräusch einiger Stimmen geweckt wurde.

Er öffnete die Augen. Marjorie stand in der Mitte des Zimmers, eine aufgewühlte Marjorie mit zitternden Händen. Sie blickte einen glatzköpfigen Mann mit melancholischem Backenbart an.

»Ich kann Sie noch nicht bezahlen, Mr. Callit«, sagte sie gerade. »Ich hatte keine Ahnung, dass Sie die Zahlung so schnell benötigen.«

»Nun, Miss«, sagte der Mann. »Es tut mir leid, dass ich Sie belästige, doch ich brauche das Geld wirklich. Es gab einige größere Forderungen gegen mich, andernfalls hätte ich Sie nicht bemühen müssen. Ich bin heute Abend extra aus London gekommen, nur um Sie zu treffen.«

»Aber ich kann Sie nicht bezahlen«, sagte das Mädchen verzweifelt. »Ich kann nicht! Ich hätte es niemals gekauft, wenn ich gewusst hätte, dass Sie so bald kommen. Meine Dividenden stehen erst in zwei Monaten an, und ich kann ihre Bitte unmöglich erfüllen.«

Der kleine Mann schüttelte hilflos den Kopf.

Trennion, ein unfreiwilliger Lauscher, war in einer wenig beneidenswerten Lage und hätte viel darum gegeben, nicht mehr im Zimmer und außer Hörweite zu sein.

Er wusste genau, was Marjorie fühlen würde, wenn sie ihn hier fand oder wenn er sich bemerkbar machen würde.

»Können Sie das Geld nicht auf anderem Wege beschaffen, Miss?«, fragte der Mann verzweifelt. »Sie wissen nicht, in welch einer Klemme ich stecke. Achtzig Pfund werden für eine Dame wie Sie eine Kleinigkeit sein.«

»Oh, Sie hätten niemals kommen sollen«, sagte das Mädchen. »Ich wünschte beim Himmel, ich hätte in Ihrem elenden Geschäft niemals Kleidung gekauft. Es ist abscheulich von Ihnen.«

»Können Sie das Geld nicht borgen?«

»Wie können Sie es wagen!«, flammte sie auf. »Wie können Sie auch nur andeuten, ich müsste mir Geld borgen! Von wem, glauben Sie, könnte ich mir wohl Geld borgen? Nein, Sie müssen warten.«

»Ich kann nicht warten, Miss«, jammerte der Mann und rang die Hände. »Ich sage Ihnen, ich bin in einer ziemlich üblen Lage. Was ist mit Captain Grey?«

Sie richtete sich auf und sah kalt auf den anderen hinab.

»Ich werde nach dem Diener läuten«, sagte sie. »Sie gehen jetzt wohl besser. Ihr Verhalten ist schändlich. Sie haben kein Recht, diesen oder irgendeinen Namen zu erwähnen.«

»Ich muss das Geld haben«, sagte der Mann panisch. »Deshalb bin ich hier, und ich gehe nicht, bevor ich etwas davon bekomme.«

Trennion war es, als höre er ein leises Geräusch nahe der Tür; seine Ohren waren ungewöhnlich empfindlich und nahmen auch Töne wahr, die dem Mädchen offenbar entgangen waren.

Schnell blickte er auf und biss sich auf die Lippe, um einen Ausruf zu unterdrücken. Im Schatten des Vorhangs sah er eine Frau, und diese Frau war Lady Wensley. Von dort, wo sie stand, hätte sie ihn sehen können, doch ihre Aufmerksamkeit war zu sehr von der Szene in Anspruch genommen, deren Zeuge sie war. Sie war schon die ganze Zeit dagewesen, schätzte Trennion. Über die Motive der Menschen machte er sich keine Illusionen. Seine Polizeiarbeit hatte viel von seinem Glauben an die Ehrlichkeit der Menschheit zerstört. Sie war dem Mädchen gefolgt, vermutete er, um die Bedeutung des verdächtigen Besuchs herauszufinden. Und nun stand sie dort und lauschte gespannt.

»Morgen werde ich Ihnen etwas schicken«, sagte Marjorie endlich. »Mehr kann ich nicht tun.«

Der Mann zögerte.

»Sind Sie sicher, Miss …«, begann er.

»Ich sage Ihnen doch, dass ich Ihnen morgen Geld schicke«, sagte das Mädchen und stampfte mit dem Fuß auf. »Und damit müssen Sie zufrieden sein.«

»Nun …« Unentschlossen rieb er den Hut am Ärmel. »Dann muss mir das genügen, schätze ich«, sagte er zweifelnd. »Ich werde Ihnen vertrauen. Wenn Sie es mir vor morgen Mittag schicken können, dann wird es mich vielleicht retten.«

Sie sagte nichts mehr. Das Gespräch war beendet.

Trennion sah, wie die Gestalt hinter dem Vorhang aus der Tür schlüpfte. Er sah auch den verwirrten Ausdruck auf dem Gesicht des Mädchens, als es die offene Tür bemerkte – eine Verwirrung, der gleich darauf ein besorgter Blick folgte. Ohne ein Wort zu sagen, stieß sie die Tür weit auf und verschwand. Der Mann folgte ihr.

Trennion setzte sich auf, hob die Pfeife vom Teppich auf und ging in die Mitte des Zimmers.

Ein Superintendent der Polizei lässt sich normalerweise nicht davon beunruhigen, wenn er die plötzliche Mittellosigkeit eines Mitbürgers entdeckt. Dass es nun Marjorie Douglas getroffen hatte, konnte ihn weder schockieren noch amüsieren. Zuerst hatte er geglaubt, auf eine überraschende Extravaganz des Mädchens gestoßen zu sein, doch die Worte des aufgeregten Händlers hatten diesen Gedanken vertrieben. Er verstand ihre Lage ganz genau; eine Lage, in der sich jede Frau wiederfinden konnte.

Er fragte sich, ob er ihr das Geld anbieten sollte. Achtzig Pfund war keine besonders hohe Summe, doch dann müsste er zugeben, dass er von ihren Schwierigkeiten wusste. Es war eine heikle Situation. Das Kinn auf die Hand gestützt, dachte er gerade über die Sache nach, als die Tür aufflog und Anna Wensley hereinkam.

Als sie ihn sah, blieb sie abrupt stehen.

»Mr. Trennion!«, sagte sie. Dann trat sie näher und zuckte nervös die Achseln. »Ich wollte ein Buch holen; diese tanzenden Leute langweilen mich. Wie lange sind Sie schon hier?«

Sie sprach schnell und ruckartig.

»Ich bin gerade erst hereingekommen«, log Trennion.

»Haben Sie jemanden … gesehen?«, fragte sie.

»Nein, nur Ihre Cousine Marjorie. Wer war der komische Kauz bei ihr?«

»Oh, das war jemand aus der Stadt.« Sie zuckte mit den Schultern. »Ich fürchte, die arme Marjorie ist ziemlich extravagant. Sie werden es nicht herumerzählen, oder?«, fragte sie flehentlich.

»Sie können sicher sein, dass ich mit niemandem darüber rede«, sagte er.

Er fragte sich, warum sie ihm das erzählte, und wie viel von dem Geheimnis sie ausplaudern wollte.

»Wissen Sie, Marjorie hat eine enorme Menge ihres Geldes für Schmuck und solche Dinge ausgegeben.« Ihre Gesten zeigten mehr von ihrer Missbilligung, als es bloße Worte vermocht hätten. »Ich denke, die jungen Mädchen von heute sind ungeheuer dumm. Man bekommt so schnell Kredit, und dann …« Ein weiteres Schulterzucken. »Dann muss man sich das Geld für den Schmuck irgendwie besorgen. Ich sage ja nicht«, fuhr sie schnell fort, »dass es das ist, was Marjorie getan hat, aber es geht so vielen Mädchen so. Es ist wirklich schockierend, nicht wahr?«, gurrte sie.

Er nickte.

»In der Tat, sehr schockierend«, sagte er ernst. »In manchen Fällen ist es sogar eine Straftat.«

»Ich weiß. Aber Sie werden die liebe Marjorie doch nicht einsperren, oder?« Sie lächelte. »Nein! Der Mann, den Sie gesehen haben, war ein Juwelier von Stangs. Man sollte zwar nicht darüber reden, aber ich weiß ja, dass ich Ihnen vertrauen kann, lieber Mr. Trennion.«

»Aber ja«, sagte er mit einem Lächeln. »Sie können mir vertrauen.«

Welchen Grund, überlegte er, mochte sie haben, ihn anzulügen? Er zweifelte nicht daran, dass der Mann ein Damenschneider war. Warum sollte sie ihre Cousine so derartig bloßstellen wollen? Warum war sie so eilig hereingekommen und war so bestürzt gewesen, ihn hier anzutreffen?

Das waren die Probleme, die ihn in dieser Nacht länger wach hielten, als ihm lieb war. Sie beschäftigten ihn auch noch, als er am nächsten Tag nach London reiste. In Scotland Yard nahm ihn seine Arbeit so sehr in Anspruch, dass er nicht mehr an die kleine Komödie von Wensley Hall dachte. Er war ein enthusiastischer Verbrechensforscher. Die Arbeit des heutigen Tages war bereits vorgeplant, und so verbrachte er faszinierende zwölf Stunden mit der Erfassung der Körpermaße einiger bekannter Krimineller, die man ihm zu diesem Zwecke streng gesichert in sein Büro brachte.

Diese Arbeit nahm ihn zwei Tage lang in Anspruch. Zwei Tage voller Messwerte und geduldiger Aufzeichnung.

Am zweiten Tag hatte er sein Werk beendet und war zum Dinner in den Club gegangen. Noch während des Essens brachte ihm ein Diener ein Telegramm und er öffnete es.

Während er es las, hoben sich seine Augenbrauen:

»GÜRTEL DER KÖNIGIN VON SABA AUS WENSLEY HALL GESTOHLEN. KÖNNEN SIE KOMMEN UND UNS BEI DER UNTERSUCHUNG HELFEN?
JOHN WENSLEY.«

Er legte das Telegramm auf den Teller und pfiff leise vor sich hin.

Marjorie Douglas stand in der Dämmerung des Salons vor ihrer Cousine. Das Gesicht des Mädchens war angespannt und weiß, doch über Lady Wensleys dünne Lippen flackerte ein schwaches, spöttisches Lächeln.

»Ich weiß wirklich nicht, worauf du hinaus willst, Anna«, sagte das Mädchen.

»Das hatte ich auch nicht angenommen«, sagte die ältere Frau trocken. »Aber ich hatte geglaubt, dass du mir die Peinlichkeit ersparen würdest, die Sache ganz deutlich auszusprechen.«

»Für mich kann es gar nicht deutlich genug sein«, sagte das Mädchen kühl. »Ich habe diese Anspielungen, Hinweise und Andeutungen wirklich satt.«

Lady Wensley hatte die Augen gesenkt und betrachtete interessiert die Falten ihres Halstuches.

»Das kann ich mir vorstellen«, sagte sie, ohne aufzuschauen. »Denn was mich betrifft, auch ich habe gewisse Dinge sehr satt.«

Das Mädchen sah sie mit verwirrter Miene an.

»Ich kann ja gut verstehen, dass dich dieser furchtbare Diebstahl etwas verstört hat, doch deine Andeutungen verletzen und ärgern mich schrecklich. Kannst du nicht einfach sagen, was du meinst? Verdächtigst du jemanden? Und glaubst du …?«

Sie verstummte.

»Du glaubst doch nicht, dass ich weiß, wer es gestohlen hat?«, fragte sie und hielt den Atem an.

Lady Wensley starrte sie anmaßend an.

»Ich frage mich, warum du das sagst«, meinte sie sanft. »Nun, kannst du mir nicht irgendeinen Hinweis geben, der mir helfen könnte, wenn uns der liebe Mr. Trennion befragt?«

»Hinweis?«, schnappte das Mädchen. »Aber warum denn …«

»Ich hasse es einfach, es auszusprechen, Marjorie«, sagte Anna.

Sie ging zum Fenster und sah auf die dräuende Dunkelheit hinaus. Ihre Hände waren hinter dem Rücken verschränkt und sie gab das Bild einer Frau ab, die eine unerfreuliche Aufgabe vor sich sieht. Doch die gerade Linie der Schultern und die Haltung des Kopfes sagten dem Mädchen, dass die Cousine nicht vor ihrer Pflicht zurückschrecken würde, wie schmerzhaft diese auch immer sein mochte.

»Natürlich«, gurrte sie, »weiß jeder, dass du in Geldsorgen bist, meine Liebe.«

Marjorie errötete.

»Ich weiß nicht, was du meinst«, sagte sie fest.

Lady Wensley zuckte mit den Schultern.

»Nun, dann bist du hier wohl die einzige Person, die es nicht weiß. Ist es nicht eine Tatsache, dass du einem Mann Geld schuldest, der extra aus London hierhergekommen ist?«

»Das stimmt«, sagte das Mädchen heftig. »Und du bist böse und grausam, wenn du andeutest, dass das irgendetwas mit dem Verlust des Schmuckstücks zu tun hat. Das ist schändlich von dir!« Sie stampfte mit dem Fuß auf. »Wie kannst du nur?«

Lady Wensley drehte sich schnell um.

»Hast du den Mann bezahlt?«, fragte sie spitz.

»Das habe ich«, sagte das Mädchen.

»Woher hattest du das Geld?«

Mit Mühe bezwang das Mädchen seinen wachsenden Ärger.

»Vielleicht habe ich es ja gefunden?«

Sie hielt inne. Das klang einfach zu unwahrscheinlich.

»Ich habe das Geld am Donnerstag bekommen«

»Am Tag nach dem Diebstahl«, sagte Lady Wensley bedeutungsvoll. »Und wie hast du es bekommen?«

»Es kam mit der Post, in Banknoten.«

»Aber von wem kam es denn?«

Der wachsende Schrecken in den Augen des Mädchens war bemitleidenswert.

»Ich weiß es nicht.«

Sie vergaß, empört oder wütend zu sein. Alles, was sie erkannte, war der gewaltige Berg aus Verdachtsmomenten, der sich vor ihr auftürmte, und die Unfähigkeit, ihre unerbittliche Cousine mit Erklärungen zufriedenzustellen.

»Es kam Donnerstag früh mit der Post«, sagte sie. »Es waren einfach nur hundert Pfund in Banknoten. Ich habe keine Ahnung, von wem sie kamen.« Sie schüttelte hilflos den Kopf. »Allerdings hatte ich ein oder zwei Leuten geschrieben, und ich dachte, dass es einer von ihnen war.«

»Wem hattest du geschrieben?«

»Ich dachte, es wäre einer von ihnen«, fuhr sie schnell fort, »doch es war kein Name auf dem Umschlag. Ich hätte ihnen ja schreiben sollen, um es herauszufinden, doch mit der nächsten

Post kam ein Brief von beiden. Einer von ihnen schickte mir Geld, das ich zurückgab; der andere konnte mir nicht helfen. Das ist die Wahrheit«, sagte sie trotzig. »Du hast in meinen Privatangelegenheiten herumgeschnüffelt, und du hast alle meine Handlungen falsch ausgelegt. Hast du nicht einen Augenblick daran gedacht, dass ich mit dem Diebstahl des Schmuckstücks nichts zu tun habe?«

Wieder zuckte sie mit den Schultern.

»Ich möchte diese Sache ohne Aufregung klären«, sagte Lady Wensley. »Alles in allem, mein liebes Kind, zählt nicht das, was ich denke, sondern das, was die Welt denken wird.«

Sie zögerte einen Augenblick und betrachtete das Mädchen aufmerksam.

»Was wird Captain Grey denken?«, sagte sie langsam.

Das Gesicht der jungen Frau war schneeweiß. Einen Moment lang starrte sie die andere an, als würde sie die Bedeutung der Worte nicht ganz erfassen. Dann wandte sie sich um und verließ ohne ein weiteres Wort den Raum. Sie ging direkt in die Bibliothek und erwartete, Ronald dort zu sehen. Er wusste, dass er einige Arbeit zu erledigen hatte, denn er war gebeten worden, einen Bericht über die mit ihm befreundeten nordwestlichen Stämme zu verfassen.

Als sie eintrat, blickte er auf. Er saß am Schreibtisch und war von Papieren umgeben. Als er ihre Verzweiflung sah, verließ das Lächeln sein Gesicht.

»Was ist denn passiert?«, sagte er und erhob sich.

In unzusammenhängenden Worten und mit einer Stimme, die vor Kummer und Zorn bebte, erzählte sie ihm die Geschichte. Er hörte ihr gespannt zu, und während sie erzählte, weiteten sich seine Augen vor Erstaunen.

»Aber mein liebes Mädchen«, sagte er. »Das ist doch sicherlich ein Scherz, oder?«

»Nein«, sagte sie.

»Aber Anna würde es nie wagen, so etwas zu dir zu sagen«, rief er mit umwölkter Stirn. »Doch nicht im Ernst?«

Anstelle einer Antwort brach Marjorie in Tränen aus.

Er zog sie an seine Brust und tröstete sie, so gut er konnte, doch es dauerte eine lange Zeit, bevor sie sich beruhigte.

Es war undenkbar; es war ungeheuer, dass eine solche Andeutung gemacht worden war. Er hatte die allgemeine Bestürzung geteilt, die das ganze Haus erfasst hatte, nachdem der Verlust des Radschas entdeckt worden war. Es hatte ihn geschmerzt, Sir John so betrübt zu sehen. Obwohl der Radscha die Sache mit orientalischem Gleichmut aufgenommen hatte, war sie dem alten Antiquitätensammler sehr nahe gegangen. Der Inder hatte versucht, den Schock der Entdeckung zu mildern, doch egal, was er sagte oder tat, nichts konnte Sir John das Gefühl der eigenen Verantwortlichkeit nehmen.

Der Radscha war gegangen. Er hatte sich von seinem Gastgeber und seiner Gastgeberin mit der Gewandtheit und Herzlichkeit verabschiedet, die alle seine Bewegungen auszeichnete. Aus der blumigen kleinen Rede und seiner guten Laune beim Abschied hätte niemand schließen können, dass er ein kostbares Schmuckstück verloren hatte.

Zur Untersuchung der Angelegenheit hatte Scotland Yard zwei seiner besten Leute geschickt, doch keiner der beiden hatte ein für Sir John oder sie selbst befriedigendes Ergebnis erzielt.

Sir John Wensley war etwas enttäuscht gewesen, dass Trennion nicht selbst kommen konnte. Trennion war auf zwei Kontinenten für die Aufklärung solcher Verbrechen bekannt.

Der Meinung der beiden Kriminalbeamten zufolge war der Einbruch das Werk einer internationalen Verbrecherbande, die während des vergangenen Jahres die Wachsamkeit und Geduld von Scotland Yard über Gebühr beansprucht hatte.

Allerdings schien die Befragung der Nachbarschaft, ebenso wie die systematische Untersuchung der Dörfer um Wensley dieser Theorie zu widersprechen, denn nirgends ließ sich ein Beweis finden, der für die Beteiligung von Außenstehenden sprach.

Die Anschuldigungen gegen Marjorie Douglas waren natürlich absurd. Ronald selbst nahm sie nicht ernst. Vielmehr beunruhigte ihn der Glaube, beinahe die Gewissheit, dass der oder die Räuber aus dem Hause selbst kamen und daher noch keine Gelegenheit hatten, das wundervolle Schmuckstück von Wensley Hall zu entfernen.

Diese Ansicht hatte er Sir John mitgeteilt, doch auch eine sehr genaue Durchsuchung der Dienstbotenquartiere hatte keinen Hinweis hervorgebracht.

Lady Wensley war weder in ihrem Boudoir[1] noch in ihrem kleinen Arbeitszimmer.

Ronald zögerte.

Sollte er sie rufen lassen? Sir John war unterwegs; er war in die Stadt gegangen, um Trennion zu treffen.

Seine Hand lag auf der Glocke, als Lady Wensley hereinkam.

Sie hatte die Zeit inzwischen genutzt, um sich umzuziehen und sah in ihrem schwarzblauen, eng anliegenden Samtkleid einfach bezaubernd aus. Sie hatte gerade diesen Hauch von Farbe, der ihr sonst manchmal fehlte, und das diamantene Glitzern ihrer Finger bot den einzigen Lichtblick an ihrer schlanken und düsteren Gestalt. Ihre Augen strahlten vor ungewohnter Aufregung.

Zu seiner Überraschung kam sie mit einem Lächeln auf ihn zu.

»Ich vermute, Marjorie hat dir erzählt, dass ich sie verdächtige?«, fragte sie.

»Ich glaube …«, begann er.

»Glaube lieber nicht«, sagte sie leise. »Komm einfach mit und setz dich hier drüben hin.« Sie zeigte auf ein großes Sofa. »Nun Ronald«, beteuerte sie und legte beinahe matronenhaft ihre Hand auf seinen Arm. »Ich möchte, dass du die Dinge einmal vernünftig betrachtest. Ich weiß, dass es schrecklich klingt, doch denke daran, dass Marjorie in großen Schwierigkeiten steckte. Sie hat Schulden gehabt, und wenn ein junges Mädchen Schulden hat, weißt du nie, was es tun wird.«

[1] Aus dem Französischen: elegantes Damenzimmer.

»Aber du glaubst doch nicht wirklich«, sagte er und sah sie voller Schmerz und Erstaunen an, »dass Marjorie eine Diebin ist?«

»Was sollte ich denn sonst denken?«, fragte Lady Wensley in resignierter Verzweiflung. »Irgendjemand hat den Gürtel gestohlen – jemand aus dem Haus.«

»Aber das ist lächerlich, Anna«, sagte er. »Das kann doch nicht dein Ernst sein?«

»Mein Ernst? Natürlich ist es das«, sagte sie eindringlich.

Er erhob sich schweigend.

»Wenn das so ist«, sagte er, »dann sind wir keine Freunde mehr.«

»Aber …«

Er hob die Hand.

»Hör mich an, bis ich fertig bin. Du weißt genauso gut wie ich, dass deine Cousine sich nie zu so einem Verbrechen erniedrigen würde. Ihr ganzes Leben, ihre Erziehung, ihre Ausbildung – es spricht einfach alles gegen so eine ungeheuerliche Vermutung.«

»Wenn ein Mädchen Schmuck kauft …«, murmelte Lady Wensley.

»Es war kein Schmuck!«, rief Ronald empört. »Sie hat mir alles erzählt. Es waren armselige achtzig Pfund bei einem elenden kleinen Schneider, der am Rande des Bankrotts stand. Er kam in Panik hierher, und tatsächlich kannst du sein Ersuchen in der Morgenzeitung lesen.«

Lady Wensley lächelte.

»Wie klug von Marjorie!«, sagte sie. »Natürlich hat sie das in der Zeitung gelesen und sich dann auf diese Idee gestürzt.«

Er drehte sich abrupt um.

»Ich werde keinen weiteren Tag in diesem Haus bleiben«, sagte er an der Tür. »Und Marjorie auch nicht. Ich sehe, was hinter all dem steckt, und das ist eine tückische Bosheit.«

»Oh, la la!«, lachte Lady Wensley, doch ihr Lachen klang künstlich und schrill. »Wie melodramatisch heutzutage alles ist. Wenn du gehen musst, dann geh! Ich werde deine Sachen packen lassen, und wegen Marjorie …« Sie zuckte mit den Schultern. »Ich nehme an, du hast das Recht, sie mit dir zu nehmen. Ich werde dir keine Steine in den Weg legen. Geh nach London und lass mich wissen, wo du wohnst. Wichtiger noch«, sagte sie vorsichtig und sah ihn mit einem spekulativen Blick an, der ihn schier verrückt machte, »du lässt mich besser wissen, wo man Marjorie finden kann. Es könnte natürlich Entwicklungen geben.«

Die letzten Worte betonte sie besonders.

»Entwicklungen«, wiederholte sie. »Ich denke, ich kann nichts anderes tun, als zu Scotland Yard zu gehen und dem lieben Mr. Trennion meine Ansicht darzulegen. Natürlich ist das schockierend, doch was soll ich sonst tun? Ich muss unsere Gäste schützen.«

Seine ruhigen grauen Augen waren auf ihr Gesicht gerichtet.

»Ich weiß nicht, was du tun kannst«, sagte er leise. »Ich weiß nur, dass entweder Marjorie eine Diebin ist, die ein furchtbares Verbrechen begangen hat, oder dass du eine eifersüchtige, enttäuschte und bösartige Frau bist.«

Jedes Wort war ein sauberer Schnitt; jedes Wort traf sie wie ein Peitschenschlag. Sie presste die Lippen zusammen und versteifte sich unmerklich; doch davon abgesehen zeigte sie keinerlei Anzeichen, dass sie seinen Ärger spürte. Sie war klug genug, nicht zu antworten und beherrschte alle äußeren Anzeichen ihrer Qual. Sie wusste, jetzt zu sprechen, hätte ihm ihre Schwäche verraten.

»Ich möchte gern«, fuhr er fort, »an Marjories Reinheit und Ehrlichkeit glauben. Wenn ich dir unrecht tue, dann wenigstens nicht auf so grausame Art und Weise, wie du es bei meiner zukünftigen Ehefrau getan hast.«

Vor den letzten Worten hatte er eine kurze Pause gemacht, und als er sie zusammenzucken sah, tat es ihm augenblicklich leid.

»Du kannst Sir John jede Erklärung liefern, die dir gefällt. Du kannst ihm auch erzählen, dass ich Marjories Komplize bin, wenn du willst«, sagte er. »Ich reise mit dem Sechsuhrzug ab, und Marjorie fährt mit mir nach London.«

Seine Stimme war leise und beherrscht.

Mit einer kleinen Verbeugung verließ er sie. Eine lange, lange Zeit stand sie reglos, auch wenn es wahrscheinlich nicht mehr als ein paar Minuten waren. Dann ging sie langsam aus dem Zimmer und stieg die Stufen zu ihrem Schlafzimmer hinauf.

Sie stand vor dem Spiegel, wie in Zwiesprache mit sich selbst; dann drehte sie sich schnell um und klingelte. Nach ein paar Minuten erschien ihr Zimmermädchen.

»Celeste«, sagte sie, »wo ist Miss Douglas?«

»Sie reist ab, Mylady«, sagte das Mädchen.

Sie unterhielten sich auf Französisch, denn Celeste sprach nur sehr wenig Englisch.

»Wo ist ihr Gepäck?«

»In der Halle, Mylady.«

»Alles?«

»*Oui*. Thomas brachte den letzten Koffer herunter, bevor Mylady klingelte.«

Anna dachte kurz nach.

»Geh schnell, und wenn niemand unten ist, bring mir Miss Douglas' Tasche, die grüne.«

Das Mädchen ging aus dem Zimmer und Anna lief fieberhaft auf und ab. Es war eine verzweifelte Sache. Sie geriet in Panik, noch bevor Celeste die Treppe halb hinab war. Schon eilte Anna zur Tür und wollte sie zurückrufen, da hörte sie Schritte und hielt inne. Es konnte Ronald sein, der ja auf der gleichen Etage wohnte. Was war sie doch für eine Närrin, was für eine leichtsinnige, unbesonnene Närrin, zuerst diese Krise auszulösen und sie dann mit solch unverzeihlicher Taktlosigkeit auszunutzen. Aber die grüne Tasche wäre eine einfache Sache für sie – falls Celeste sie herbeischaffen konnte.

Dann kam ihr ein Gedanke. Schnell lief sie zum Schminktisch und zog eine Schublade heraus.

Sie hörte ein Klopfen an der Tür und ihr blieb beinahe das Herz stehen.

»Herein«, sagte sie schwach.

Es war Celeste, und sie trug eine kleine grüne Reisetasche.

»Hat dich irgendjemand gesehen? Sag schnell – hat dich irgendwer gesehen?«

»Nein, Mylady«, sagte das Mädchen.

Anna konnte Celeste vertrauen. Das Mädchen war ihr ergeben; in der Tat verdankte es dieser seltsamen Frau, die so kalt und so feurig, so herzlos und so zärtlich sein konnte, sogar das Leben. Anna hatte sie während eines bösen Anfalls von Diphtherie gepflegt, und als eine ausgebildete Krankenschwester gefunden werden konnte, hatte Anna mit unnatürlicher Entschlossenheit darauf bestanden, sich selbst um das Mädchen zu kümmern. Nun stellte sie die Treue ihrer bewundernden Dienerin auf die Probe.

»Zu niemandem ein Wort!«, sagte sie und tastete am Schnappschloss der Tasche herum. »Sieh draußen nach, ob jemand auf dem Korridor ist.«

Celeste ging hinaus. Als sie wieder hereinkam, sah sie ihre Herrin, weiß im Gesicht, vergeblich am Verschluss zerren. Die Tasche war verschlossen. Es war verrückt gewesen, etwas anderes zu erwarten.

»Bring die Tasche in die Halle zurück«, sagte sie. »Schnell.«

Sie besaß einen passenden Schlüssel, denn der grüne Koffer war einst ihr eigener gewesen, bis sie ihn dem Mädchen geschenkt hatte. Doch die Schlüssel lagen in ihrem Arbeitszimmer. In dem Augenblick, als sie die Schublade ihres Schminktischs geöffnet hatte, war ihr das klar geworden.

Sie folgte Celeste und beobachtete vom oberen Stockwerk, wie sie die Tasche nach unten brachte. Sie blieb dort stehen und wartete, bis sie zurückkehrte.

»Hat dich irgendjemand gesehen?«

»Nein, Mylady«, sagte das Mädchen verwundert.

»*Bien*«, sagte Mylady mit einem Stoßseufzer der Erleichterung.

Es musste einen anderen Weg geben; sie musste ihn finden. Vielleicht konnte das Glück des Zufalls ihr dabei helfen.

Gefasst ging sie in die Halle hinunter, gerade als Marjorie nach oben kam. Ein Diener stand an der Tür und sie tauschten ein paar Allgemeinplätze aus.

»Es tut mir leid, dass du gehen musst«, sagte sie höflich.

Ronald nahm ihre ausgestreckte Hand und beugte sich darüber.

»Ich hoffe, dass ich die Freude haben werde, dich wiederzusehen«, sagte er steif.

Marjorie sagte nichts. Sie war von der erstaunlichen Anschuldigung gegen sie noch immer so schockiert, dass sie nicht gewillt war, gute Miene zum bösen Spiel zu machen.

Um die Peinlichkeit der Situation zu überspielen, wandte sie sich an den wartenden Chauffeur.

»Ich möchte, dass Sie diese Tasche aufgeben.« Sie deutete auf die kleine Reisetasche. »Sie soll in den Gepäckraum von Kings Cross gebracht werden, bis man sie abholt.«

»Jawohl, gnädige Frau«, sagte der Mann.

In den Gepäckraum von Kings Cross, wiederholte Anna im Geiste. Sie sah eine Möglichkeit.

Sie beobachtete, wie der Wagen mit den beiden Passagieren hinter einer Krümmung der langen Allee verschwand, dann ging sie langsam in das Haus und in ihr Zimmer zurück.

In den Gepäckraum von Kings Cross.

Dann fuhr Marjorie also nicht nach Hause. Sie würde nach Plymouth zu ihrer Tante fahren und die Tasche bei ihrer Rückkehr mitnehmen.

Marjorie lebte mit ihrer verwitweten Mutter in Chelsea, doch Anna wusste, dass diese im Moment in Italien überwinterte und erst in einer Woche zurückerwartet wurde.

Ja. Marjories Verwandte in Plymouth würde das Mädchen in der nächste Woche unterhalten.

Eine Woche. Lange genug! Das war ihre Gelegenheit.

Sie ging in das Arbeitszimmer, um einen Plan auszuarbeiten.

Wie groß ihr Glück tatsächlich war, erkannte sie erst, als am Abend ein Telegramm von Sir John eintraf, der den Radscha nach Paris begleitete und nicht vor Ablauf einer Woche zurück sein würde.

Claude Trennion kam schwungvoll durch den Torbogen von Scotland Yard; sein Hut, ein großer weißer Terai[1], saß ein wenig schief auf seinem Kopf.

Sein dünnes Gesicht war glattrasiert und vom Spätsommer braungebrannt, denn er war über Punjab[2] nach London gekommen. An den Schläfen hatte er einige graue Strähnen und ein Monokel zierte sein Auge. Eine Hand war stets in seiner Tasche versenkt, während die andere einen Rohrstock herumwirbelte.

Er erwiderte den Gruß des wachhabenden Polizisten an der Tür, nahm zwei Stufen auf einmal und trat gerade in sein großes, stattliches Büro ein, als einer der Angestellten seine Akten auf den Schreibtisch legte.

Trennion sah sich um, als er das Büro betrat.

Eine Waage, wie man sie auch in einer Arztpraxis sehen konnte, stand unter dem Fenster. Er hatte sie benutzt, um seinen berühmten Bericht über das Bertillon-System[3] vorzubereiten.

»Schaffen Sie das noch heute weg, Cole«, sagte er und deutete auf die Waage. »Wartet irgendjemand auf mich?«

»Eine Dame, Sir.«

»Oh ja, Lady Wensley.« Er nickte, schloss eine Schublade seines Schreibtischs auf und nahm einen großen Umschlag heraus. »Bitten Sie sie herein«, sagte er.

Trennion durchdachte noch einmal die Ereignisse der letzten Woche, als sich die Tür öffnete und Anna Wensley eintrat.

»Es tut mir so leid, Sie zu stören, lieber Mr. Trennion«, sagte sie und schüttelte seine Hand. »Ich bin natürlich wegen des Gürtels hier. Ich möchte die Angelegenheit gern so schnell wie

---

[1] Ursprünglich ein von der britischen und indischen Armee getragener Hut.

[2] Ehemalige Provinz in Britisch-Indien (1849 bis 1947).

[3] Ein von Alphonse Bertillon (1853–1914) entwickeltes System zur Identifizierung von Personen anhand von Körpermaßen.

möglich hinter mich bringen, und es war sehr nett von Ihnen, mich zu empfangen.«

Er lächelte.

»Sehr reizend von Ihnen. Möchten Sie sich nicht setzen und mir Ihre genauen Ansichten mitteilen?«

Trennion rückte einen Stuhl für seine Besucherin zurecht.

Lady Wensley lud ihren Muff und ihre goldene Geldbörse mit dem klimpernden Schlüsselbund auf dem Schreibtisch des Superintendenten ab und setzte sich bequem auf den angebotenen Stuhl. Sie war ein wenig irritiert über sein bürokratisches Auftreten. Wie lächerlich von ihm, nach all ihren Briefen und Telegrammen vorzugeben, ihre Ansichten nicht zu kennen.

»Ich fürchte, ich kann Ihnen nur wenig erzählen«, sagte sie leichthin. »Der Gürtel ist verschwunden, und wir müssen ihn zurückbekommen. Der Radscha betrachtet ihn tatsächlich als unbezahlbar. Er ist ganz außer sich vor Sorge, und solange er nicht wieder auftaucht, können weder Sir John noch ich Ruhe finden.«

»Ich glaube mich erinnern zu können, dass der Gürtel besonders schwer ist, nicht wahr?«

Trennion hatte die Frage fast gleichgültig gestellt.

»Er wiegt sechseinhalb Pfund«, antwortete Anna prompt. »Ich dachte, diese Tatsache wäre Ihnen bekannt. Übrigens, Sie haben eine Liste meiner Gäste, nicht wahr, Mr. Trennion?«, fügte sie sorglos hinzu.

»Ja, ich habe die Liste, die Sie mir geschickt haben – hier ist sie.«

Trennion nahm den Zettel von seinem Schreibtisch.

»Es war kaum nötig, so sehr ins Detail zu gehen«, lächelte er. »Sie werden sich erinnern, dass ich zwei volle Tage Ihre Gastfreundschaft genießen durfte. Ich sehe, dass Sie Marjorie Douglas mit auf die Liste gesetzt haben« – er blickte scharf auf – »und Sie schreiben, dass sie sehr arm, sehr hübsch, sehr klug und ehrgeizig ist, und dass man sie gesehen hat, wie sie am Tage des Diebstahls aus dem Zimmer des Radschas gekommen ist.

Ich dachte immer, dass Marjorie eine Cousine und eine gute Freundin ist?«

Annas Oberlippe krümmte sich ganz leicht, doch sie vermied den forschenden Blick des anderen.

»Nicht wirklich«, sagte sie. »Sie ist natürlich eine Cousine, doch was das andere betrifft: Sie ist die Freundin eines Freundes – Ronald Grey, den Sie ja kennen.« Trennion nickte. »Sicher ist sie hübsch, doch ich würde sie nicht schön nennen – ein sehr faszinierendes Mädchen, und er ist ein beeinflussbarer Mann.«

»Sind sie verlobt?« Trennion stellte die Frage in leichtem Plauderton.

Lady Wensley versteifte sich etwas und antwortete, scheinbar widerwillig:

»Ja, es gibt ein paar Verwicklungen. Sie ist … nun, mein lieber Mr. Trennion, es mag unfreundlich klingen, doch …« Sie hob ironisch eine Schulter. »Ich glaube, Sie erinnern sich an eine gewisse Episode in der Bibliothek von Wensley – die Forderung des Juweliers?«

Trennion nickte und behielt seine Haltung höflicher Aufmerksamkeit bei.

»Sie haben Ronald einige Zeit gekannt, nicht wahr?«

»Oh, eine lange Zeit«, sagte Anna leichthin, doch er bemerkte einen Anflug von Verbitterung in ihrem Gesicht. »Ich hätte Marjorie nicht eingeladen, wenn er nicht darauf bestanden hätte.«

»Darauf bestanden?«, echote der aufmerksame Detektiv. »Er muss ein enger Freund sein, ein sehr enger Freund, wenn er darauf besteht, dass Sie ein Mädchen einladen, an dem Ihnen nichts liegt.«

»Nun, vielleicht habe ich nicht ganz das richtige Wort gewählt – ich drücke mich schlecht aus, fürchte ich.«

Lady Wensleys Ton war etwas ungeduldig.

»Vielleicht hat er ein gewisses Recht …« Trennion hielt inne.

Anna erhob sich. Ihre Bewegung war voller Würde und Anmut. Nur das stählerne Funkeln in den schmalen, schönen Augen verriet ihre Wut.

»Was wollen Sie damit sagen?«, fragte sie kalt.

»Seien Sie nicht gekränkt, Lady Wensley, ich bitte Sie. Freundschaft ist eine große Sache. Sicher bringt sie Verpflichtungen mit sich, ebenso aber auch Rechte.«

Anna setzte sich wieder und versuchte, etwas von ihrer trägen Gelassenheit zurückzuerlangen. Dieses Treffen lief ganz falsch. Sie spürte, wie ihr die Situation entglitt.

Ein Klopfen an der Tür unterbrach sie, und auf Trennions Aufforderung hin trat ein Polizist mit einer Karte ein. Der Superintendent sah sie nachdenklich an und legte sie auf den Schreibtisch.

»Einen Moment, Cole«, sagte er. »Ich werde läuten. Sie sollen bitte warten.«

»Wir Polizisten, Lady Wensley«, fuhr er fort, als der Mann gegangen war, »neigen dazu, schroff zu sein, verstehen Sie? Nun, diese Geschichte mit dem Gürtel ist eine sehr ernste Angelegenheit. Die Regierung will nicht, dass sie vor Gericht landet, doch wir müssen den Gürtel zurückbekommen.«

»Natürlich müssen wir das«, sagte Anna vertraulich, »doch ...« Ihr Ton wurde etwas kühler. »Soll das bedeuten, dass es keine Anklage geben wird?«

»Nicht, wenn wir den Gürtel auch ohne diese bekommen können«, sagte der andere entschieden.

Die Frau biss sich auf die Lippen und bewegte sich unruhig.

»Sie werden es vertuschen. Ich hätte nicht gedacht, dass solche Dinge bei Scotland Yard üblich sind.«

Trennion zog eine Grimasse.

»Oh, neben der Suche nach verlorenen Regenschirmen sind hier bei Scotland Yard eine Menge Dinge üblich«, sagte er nachlässig.

Sie war offensichtlich beunruhigt.

»Ich muss darauf bestehen ... Lieber Mr. Trennion, wie kann ich zulassen, dass diese Sache vertuscht wird? Denken Sie an meine Position. Es ist wirklich unangenehm. Ich fürchte, nein, ich bin überzeugt, dass es in diesem Fall unmöglich sein wird, die Schuldige laufen zu lassen. Natürlich tut es mir für sie leid.« Sie zuckte kurz mit den Schultern. »Außerdem war sie ja mein Gast. Es ist alles sehr peinlich. Ich wünschte, Ronald wäre etwas vorsichtiger bei der Wahl seiner Freunde … Verstehen Sie, ich kenne diesen Zweig der Familie recht gut, und sie sind, nun … Oh, wie ich es hasse …« Sie nahm sich zusammen und fuhr in ruhigerem Ton fort: »Wie ich es hasse, von so einer Angelegenheit betroffen zu sein!«

Trennion hatte seine schöne Besucherin aufmerksam angesehen. Er dachte an jene Nacht in der Bibliothek zurück; es war eine lebendige Erinnerung. Ihre derzeitige Notlage ging nicht spurlos an ihm vorüber und er antwortete in angemessen-verständnisvollem Ton:

»Es tut mir schrecklich leid für Sie, doch ich muss Ihnen sagen, dass wir Miss Douglas nicht strafrechtlich verfolgen werden, solange wir den Gürtel nicht in ihrem Besitz finden.«

Die Dame presste die Lippen zusammen.

»Was meinen Sie mit ›in ihrem Besitz‹«?

»Nun, solange sie ihn beispielsweise nicht an ihrem Körper trägt oder wir ihn«, er tippte auf die grüne Ledertasche auf dem Schreibtisch, »hier drin finden.«

»Aber warum sollte er denn darin sein?«

Die Frage wurde in aller Unschuld gestellt und Trennion unterdrückte ein Lächeln.

»Weil das ihre Tasche ist«, sagte er geduldig. »Und weil ich sie auf Ihre Information hin im Gepäckraum von Kings Cross sichergestellt habe. Seltsamerweise hat bereits irgendjemand versucht, sich die Tasche zu beschaffen.«

»Ohne Zweifel Marjorie selbst?«

»Ich würde sagen, nein. Sie hätte sie sicher bekommen, wenn sie es versucht hätte. Nebenbei bemerkt ist sie unmittelbar nach dem Diebstahl nach Devonshire abgereist. Wie Sie sich erinnern werden, hat sie Ihnen aus London geschrieben und Ihnen mitgeteilt, dass sie in Eile abreisen und ihre Tasche in der Gepäckaufbewahrung zurücklassen musste. Wenigstens«, sagte er sorgfältig, »haben Sie mir das erzählt. Oh nein, die Dame, die das Gepäck abholen wollte, war eine verschleierte, geheimnisvolle Person – so geheimnisvoll, dass die Wärter sich weigerten, es ihr ohne Abholschein auszuhändigen. All dies erfuhr ich erst heute Morgen. Also verschaffte ich mir diese Tasche, um sie erst in der Gegenwart interessierter Personen zu öffnen.«

Trennion rückte das Monokel etwas näher ans Auge und drückte die elektrische Klingel auf dem Tisch.

»Ich denke, wir versuchen wohl besser, dieses Rätsel zu lösen. Sie sind also überzeugt davon, dass sich der Gürtel in dieser Tasche befindet?«

Ein Schatten legte sich auf Anna Wensleys Gesicht, doch gleich darauf verschwand er wieder. Sie konnte das *Poch-poch* ihres eigenen Herzens hören, konnte den Alterungsprozess spüren, der ihre Gesichtshaut spannte und die Schatten unter ihren Augen vertiefte. Doch als sie sprach, war sie ganz sie selbst, ruhig und nonchalant:

»Lieber Mr. Trennion, wie kann ich denn sicher sein? Ich habe Ihnen nur meine Vermutungen mitgeteilt. Alles, was ich tun möchte, ist der Gerechtigkeit zu dienen.«

»Ich denke, dazu werden Sie ausreichend Gelegenheit haben«, versicherte ihr Trennion und wandte sich an den Mann, der auf sein Läuten hin eingetreten war. »Lassen Sie die Dame und den Herrn, die mich sprechen wollten, bitte hereinkommen.«

»Sehr wohl, Sir.«

Anna sprang plötzlich von ihrem Sitz auf und lief quer durch den Raum auf Trennion zu. Sie legte die Hand auf seinen Arm. Das hatte sie nicht erwartet.

»Mr. Trennion«, sagte sie. »Ich möchte nicht …«

Doch was auch immer sie sagen wollte, es blieb unausgesprochen, denn in diesem Augenblick betraten zwei Personen den Raum.

Die erste war Marjorie. Sie war sehr blass, und ihre tiefen blauen Augen waren vor Verzweiflung geweitet. Die Winkel ihres hübschen Mundes hingen wie bei einem müden Kind herab und ihre tapfer zusammengepressten Lippen zitterten ein wenig. Trennion hieß sie mit kurzem Lächeln willkommen und schob einen Stuhl vor. Weder sah sie wie eine Diebin aus, noch trug sie den Stempel der Schande, der – wie Anna angedeutet hatte – ein Erbteil ihrer Familie sein sollte.

Ronald Grey, groß, soldatisch und eher wütend als bekümmert, folgte ihr. Als er Lady Wensley erblickte, blieb er abrupt stehen.

»Anna!«, sagte er. »Du hier!« Seine Stimme war mit Verachtung geladen.

Der flüchtige Ausdruck trotziger Wut, der ihr Gesicht noch einen Augenblick zuvor getrübt hatte, war plötzlich wie weggewischt. Sie lächelte ihn süß an und ignorierte das Mädchen vollständig.

»Ja, natürlich bin ich hier – wo sollte ich denn sonst sein?«

Er sah sie ungeduldig an.

»Warum bist du hier?«, fragte er ernst. »Doch sicher nicht, um die Lügen zu wiederholen, an die du in Wensley noch selber glaubtest?«

Marjorie legte eine bittende Hand auf den Arm des Geliebten.

»Ronny, bitte, sag jetzt nichts mehr.«

Diese Worte und Taten schienen eine schwelende Leidenschaft bei der schönen Frau angefacht zu haben, denn nun wandte sie sich mit drohendem Blick an das Mädchen.

»Bitte, bitte!«, höhnte sie. »Oh, bettle doch nicht um seine Nachsicht, ich bitte dich. Lass ihn sagen, was er will. Es gab einmal eine Zeit, Ronald, als – aber muss ich dich wirklich an diese Zeit erinnern? Nein, offenbar nicht.«

Als der Mann nun antwortete, suchte sein entschuldigender Blick den der Verlobten.

»Ich erinnere mich an so viel, dass ich wünschte, vergessen zu können«, sagte er sehr ernst.

Doch Lady Wensley hatte nicht vor, diese Abfuhr so einfach hinzunehmen.

»Was für ein Mann!«, sagte sie fast fröhlich. »Nicht wahr, Mr. Trennion? Die Männer wünschen sich, ihre eigenen Torheiten zu vergessen, während die Frauen Vergnügen daran finden, sich an sie zu erinnern!«

Marjories Augen waren auf das Gesicht ihrer Cousine fixiert.

»Anna«, sagte sie. »Ich bin hierhergekommen, um auf die Anschuldigung zu antworten, die du gegen mich vorgebracht hast.«

Anna starrte sie an.

»Ich ... mein liebes, gutes Mädchen, ich beschuldige dich doch nicht.«

Das Gesicht des Mädchens wurde bei dem beleidigenden Verhalten der älteren Frau noch eine Spur blasser.

»Aber das ist ja meine Tasche!«, rief sie plötzlich aus.

Trennion nickte, und als er antwortete, war seine Stimme sanft und beruhigend:

»Ja, das ist Ihre Tasche. Ich habe mir die Freiheit genommen, sie durch Ausübung gewisser peinlicher Befugnisse einzufordern.«

Ronald, der dem Wortwechsel der beiden Frauen ungeduldig gefolgt war, konnte nicht länger an sich halten.

»Aber das ist ungeheuerlich, das ist ein Skandal«, brach es aus ihm heraus. Dann sah er Lady Wensley an, die während der ganzen Zeit mit einem verächtlichen Lächeln dagestanden hatte. »Das ist ein Komplott«, warf er ihr vor.

»Falls das ein Komplott ist«, sagte Trennion beschwichtigend, »dann werde ich alles darüber herausfinden. Wissen Sie, ich bin sogar ein wenig bekannt dafür, Sachen herauszufinden. Der Chef sagt, ich gleiche eher einem Schnüffler aus Detektivgeschichten als einem wirklichen Polizisten. Nun zu den Fakten. Der Gürtel wurde gestohlen – der Gürtel der Königin von Saba. Ich bin sicher, Lady Wensley«, Trennion bedachte sie mit seinem freundlichsten Lächeln, »dass sich diese Dame in ihrem Grabe umdrehen würde, wenn sie wüsste, dass ihr goldenes Korsett Gegenstand einer Untersuchung von Scotland Yard ist.

Er wurde gestohlen, daran besteht kein Zweifel, und am Morgen des Diebstahls«, er wandte sich wieder an Marjorie, »wurden Sie gesehen, Miss Douglas, als Sie die Zimmer des Radschas verließen.«

»Ich kann das erklären«, sagte Marjorie leise.

»Einen Augenblick.« Trennions Stimme war so sanft wie immer. »Die Erklärung ist, dass Sie das Zimmer direkt über dem Radscha bewohnten und sich nur in der Etage irrten. Sie betraten versehentlich das Wohnzimmer des Radschas und verließen es sofort.«

»Das ist die Wahrheit – eine einfache Erklärung«, antwortete Marjorie.

»Oh, natürlich!« Die Worte kamen von Lady Wensley, und ihr Ton deutete all das an, was ihre Worte unausgesprochen ließen.

»Lady Wensley, Ihr Ton ist beleidigend«, sagte Marjorie. Sie erhob sich entrüstet, mit Tränen der Wut in den Augen.

Wieder wollte Trennion etwas einwerfen, doch Ronald unterbrach ihn grob.

»Die ganze Sache ist absurd. Selbst angenommen, Marjorie hätte ihn gestohlen – wo in aller Welt hätte sie ihn verstecken sollen? Wie hätte sie ihn aus dem Haus schmuggeln ...«

Trennions lächelnder Protest unterbrach seinen Ärger.

»Ich denke, es wird das Beste sein, wenn wir nicht wieder unterbrochen werden, nicht wahr?«, sagte er. »Nun, Miss Douglas, haben Sie den Gürtel jemals gesehen oder getragen, außer an dem Tag, als ich dabei war?«

»Niemals«, sagte das Mädchen entschieden. »Und selbst dann habe ich ihn nicht angefasst.«

»Sie haben ihn nicht versehentlich weggetragen, er hat sich auch nicht zufällig in Ihrem Umhang verfangen?«

»Aber nein, das wäre ganz unmöglich.«

»Warum?«

Trennions Stimme war beinahe scharf.

»Weil ich keinen Umhang getragen habe«, gab das Mädchen zurück.

»Wie lächerlich, Mr. Trennion«, warf Lady Wensley ungeduldig ein. »Wie könnte sie ihn auch in ihrem Umhang fortschaffen – er wiegt über sechs Pfund.«

»Miss Douglas kann sich an diese Tatsache offenbar nicht gut genug erinnern, um sie in Betracht zu ziehen«, sagte Trennion sehr leise; und dann, an das Mädchen gewandt: »Wer hat Ihre Tasche gepackt?«

»Ich habe sie gepackt.«

»Was ist in ihr?«

»Nichts von Bedeutung, deshalb habe ich sie auch im Gepäckraum gelassen.«

»Sie ist ziemlich schwer.« Trennion hob die Tasche vorsichtig an.

»Sie enthält einige Bücher.«

Die junge Frau zeigte einige Anzeichen von Verdruss über diese scheinbar nutzlosen Fragen, und Ronald kam ihr zu Hilfe.

»Marjorie war wirklich sehr offen und aufrichtig, Trennion«, sagte er hitzig. »Es ist eine Schande, dass ein unschuldiges Mädchen solch einen Angriff ertragen muss.«

Lady Wensley sah ihn verächtlich an.

»Wenn du jetzt heroisch wirst, werde ich mich langweilen«, sagte sie. »Hätten Sie etwas dagegen, wenn ich mir Ihre Bilder ansehe, Mr. Trennion?«

»Bitte, Lady Wensley«, sagte Trennion höflich. »Aber ich fürchte, Sie werden sehr wenig Unterhaltsames finden.«

»Ich versichere Ihnen, dass es sehr wenig bedarf, um mich zu unterhalten, nicht wahr, Ronald?« Sehr schnell verlor sie jedes Gespür für Vorsicht. Sie wusste, dass sie mit beiden Händen etwas weggeworfen hatte; sie hatte die Liebe verschwendet, das Glück, das Leben.

Ronald Grey betrachtete fast traurig ihr lächelndes Gesicht und gab keine Antwort. Das Lächeln erstarb auf ihren Lippen und sie wandte ihm abrupt den Rücken zu.

»Sie haben nichts dagegen, dass ich diese Tasche untersuche?«

Trennion sprach fast ehrerbietig.

»Überhaupt keine«, sagte Marjorie. »Doch ich fürchte, ich habe keine Schlüssel bei mir. Ich habe sie in Plymouth vergessen.«

»Oh!« Trennions Ton war unverbindlich.

»Natürlich hat sie keine Schlüssel, Mr. Trennion.« Lady Wensley unterbrach ihre Betrachtung der Bilder. »Und natürlich liegen sie in Plymouth – zweihundert Meilen entfernt.«

Ronald wandte sich ihr zu.

»Deine Bosheit ist bemitleidenswert«, sagte er mit leiser Stimme.

»Mit jeder Minute wirst du immer mehr zum Helden eines Melodrams«, erwiderte sie gelassen und zeigte dann, als verbanne sie ihn aus ihren Gedanken, auf die Waage. »Was ist das, Mr. Trennion?«

Er erhob sich.

»Oh, ich bitte um Verzeihung, Lady Wensley. Das ist eine Balkenwaage. Ich habe einige Experimente gemacht.«

»Wirklich, das ist ja wunderbar. Ich wünschte, Sie würden mich wiegen.«

Ihre Begeisterung war fast kindisch, und als Trennion zögerte, trat sie auf die Plattform der Waage und wiederholte ihre Bitte. Es war der verzweifelte Versuch, Zeit zu schinden. Der Beamte war so verblüfft, dass er den Raum gehorsam durchquerte.

»Das gehört nicht zum Geschäft, verstehen Sie«, sagte er vorwurfsvoll, als er sorgfältig die Gewichte einstellte.

Captain Ronald nutzte die Unterbrechung und legte seiner Verlobten sanft den Arm um die Schulter. Er sprach beruhigend und zärtlich, doch in seinen klaren, grauen Augen lag unendlicher Schmerz.

»Marjorie, du hast nichts, überhaupt nichts zu befürchten.«

Sie schob ihre Hand in seine und rückte etwas näher an ihn heran.

»Du zweifelst nicht an mir?«

»Da würde ich eher an meiner Mutter zweifeln. Wenn ich

an dir zweifelte, wäre das Leben eine bittere und leere Sache. Du bist der Beginn und das Ende des Lebens für mich.«

Es gab keinen Zweifel an seiner Ernsthaftigkeit, und das Mädchen lächelte ihn dankbar an. Das Lächeln verschwand, als sie an Lady Wensley dachte.

»Aber ich fürchte mich so vor ihr, Ronald; es ist so etwas Unheimliches in ihrer Gewissheit. Ihre Stimme und ihr Blick sind so voller Triumph. Oh Ronny, ich fürchte mich so!«

»127 Pfund«, unterbrach sie der Superintendent.

»Ist das gut oder schlecht?«

»In Ihrem Fall kann es nur gut sein, Lady Wensley«, sagte der höfliche Trennion.

»Ich weiß nicht, was das bedeutet, doch ich bin sicher, es ist nett gemeint.«

Sie spielte mit den Gewichten der Waage, als Ronald die Aufmerksamkeit des anderen beanspruchte.

»Trennion, Miss Douglas ist durchaus bereit, dass Sie die Tasche aufschneiden.«

»Das ist sehr freundlich von Ihnen, aber überhaupt nicht notwendig«, sagte Trennion lächelnd und nahm den Telefonhörer auf. »Wir sind immer darauf vorbereitet, dass … Hallo? Geben Sie mir 16-X. Hallo! Ist dort 16-X? A.C. am Apparat. Sergeant, schicken Sie ein paar Schlüssel herauf, wir haben hier eine Damenreisetasche. Ganz gewöhnlicher Typ. Danke. Nur eine Minute.«

Er legte den Hörer auf, drehte sich um und fand Lady Wensley an seinem Rockschoß hängend.

»Mr. Trennion« – sie sprach sehr leise – »es gibt da etwas, das ich Ihnen sagen sollte.«

»Ja«, sagte Claude in sachlichem Ton.

Sie blickte die anderen bedeutsam an.

»Allein«, sagte sie kurz.

Marjorie erhob sich sofort und wandte sich zur Tür. Mit der steifsten aller Verbeugungen schickte sich Ronald Grey an, ihr zu folgen.

Lady Wensley trat einen Schritt auf ihn zu.

»Du hast nichts dagegen, Ronald, oder?«, sagte sie klagend. »Ich werde ihm kein Wort über uns sagen.«

Ronald hörte sie anscheinend nicht. Er hielt dem Mädchen die Tür auf und sie verließen den Raum.

Trennion war plötzlich sehr an den Papieren auf seinem Schreibtisch interessiert. Es war gut, dass er das tat, denn Lady Wensleys Gesicht war im Moment kein schöner Anblick. Im nächsten Augenblick ließ ihn ein unterdrückter Schrei aufschauen.

Sie hatte beide Hände an ihr Halsband erhoben. Sie schwankte ein wenig. Sofort war er bei ihr.

»Sind Sie krank?« Er griff nach der Klingel.

»Nein … nein, läuten Sie nicht; gleich wird es mir besser gehen. Ein wenig Wasser, nur ein wenig Wasser!«

»Lassen Sie mich läuten, Lady Wensley.«

»Bitte nicht. Es wird vorübergehen. Ich schäme mich wegen dieser Schwäche.«

»Kann ich Sie allein lassen? Ich werde das Wasser selbst holen – sind Sie sicher, dass alles in Ordnung ist?«

»Ja, ja.«

»Es dauert nur einen Moment.« Trennion eilte aus dem Raum.

Er war wirklich besorgt. Eine Frau, solange sie nicht vollkommen durchschnittlich war, beunruhigte ihn immer.

Das Schließen der Tür hatte eine außergewöhnliche Wirkung auf Lady Wensley. Plötzlich stand sie gerade aufgerichtet.

»Die Königin von Saba und ihr Gürtel«, murmelte sie. »Hatte sie das gleiche Gefühl wie ich?«

Schnell ging sie zu Tür und prüfte, ob sie geschlossen war; dann eilte sie zum Tisch. Sie sprach jetzt atemlos, so als drängten die leise gesprochenen Worte sie, die vor ihr liegende Arbeit zu vollenden.

»Ob sie wohl eine Frau gehasst und um ihren Tod gebetet hat? Eine Frau vielleicht, die ihr die Liebe gestohlen hat? Antworte mir, du Gürtel der Königin von Saba.«

Schnell flatterten ihre Finger die Knöpfe des maßgeschneiderten Mantels hinab, und als er zu Boden fiel, hob sich etwas Glitzerndes vom Dunkel des Kleides darunter ab; etwas, das golden glänzend und funkelnd ihre Taille umklammerte. Sie griff nach dem Schlüssel, der an einer langen Kette um ihren Hals hing, und schloss hastig die Tasche auf dem Tisch auf.

Im Nu war das glitzernde Ding von ihrer Taille in die Tasche gewandert und sie ließ den Verschluss zuschnappen. Trennion, der im nächsten Moment eintrat, fand sie noch immer genauso matt vor, wie er sie verlassen hatte, und eilte ihr mit dem Wasser zu Hilfe.

»Geht es Ihnen besser? Trinken Sie das.«

Sie nahm das Glas aus seiner Hand und murmelte einige Dankesworte.

»Es tut mir so leid, aber Sie wissen ja, ich bin nicht sehr kräftig. Vielen, vielen Dank, ich war ein schreckliches Ärgernis für Sie.«

»Überhaupt nicht. Fühlen Sie sich nun stark genug, um mir zu sagen …«

Sie hob die Hand und unterbrach ihn.

»Besser nicht, wenn es Ihnen recht ist. Alles in allem ist es wohl kaum angemessen. Ich habe nur meine Vermutungen, wissen Sie? Das Mädchen kann nichts dafür, dass sie arm ist, nicht wahr?«

Er sah sie scharf an.

»Nun, wie Sie meinen«, sagte er. Dann ertönte ein leichtes Klopfen an der Tür.

»Kommen Sie herein! Ah, Cole mit den Schlüsseln. Bitte fragen Sie doch Captain Grey und Miss Douglas, ob sie nicht hereinkommen möchten.«

Trennion blieb mit klimpernden Schlüsseln stehen, bis der Mann gegangen war. Dann blickte er auf die Tasche und fragte Lady Wensley:

»Sie glauben, dass sie ihn gestohlen hat?«

»Nun, was sollte ich sonst denken? Ich hasse es, lieblos zu sein, doch in der Gesellschaft geschehen alle möglichen Dinge, wie Sie doch sicher wissen, lieber Mr. Trennion.«

Als Marjorie und Ronald eintraten, hielt sie inne, fuhr dann aber in ihrem gedehnten Ton fort:

»Ich hoffe, Sie werden mich nicht viel länger aufhalten. Ich habe drei Anrufe zu machen und muss die Stadt mit dem 12:45 Uhr-Zug verlassen.«

Trennion antwortete ihr:

»Ich denke, Sie müssen überhaupt nicht warten, Lady Wensley«, sagte er.

Sie runzelte die Stirn. Sie wurde zu wörtlich genommen. Und Trennions amtlichen Ton mochte sie überhaupt nicht.

»Ich kann noch etwa zehn Minuten erübrigen. Bis dahin werde ich sowieso warten«, sagte sie.

Er wählte einen Schlüssel aus dem Bund, den der Mann gebracht hatte.

»Ich denke, dieser sollte passen, Miss Douglas. Wollen Sie die Tasche öffnen, oder soll ich?«

»Öffnen Sie sie bitte.«

Trennion versuchte den Schlüssel, den er in der Hand hielt.

»Er passt. Hallo!« Stirnrunzelnd sah er auf.

»Öffnet sie sich nicht?«, fragte Marjorie.

»Ich kann es noch nicht sagen.« Trennion legte die Hand auf die Klingel. »Doch, sie ist offen. Noch einen Augenblick, bevor wir hineinsehen. Ich will meinem Kollegen eine Frage stellen.« Dann, an den Mann gewandt, der eben hereingekommen war: »Sie haben die Tasche von Kings Cross selbst hierher gebracht?«

»Ja, Sir.«

»Seitdem sind Sie dafür verantwortlich gewesen?«

»Ja, Sir«, wiederholte der Mann.

»Ist Ihnen aufgefallen, ob sie verschlossen war, als Sie die Tasche an der Gepäckaufbewahrung entgegennahmen?«

»Das war sie, Sir.«

»Sind Sie sicher?«

»Absolut sicher, Sir. Ich habe sie direkt zum Bereichsleiter gebracht und er hat es überprüft.«

»Danke, Cole. Das ist dann alles.«

»Ich wollte mich nur versichern«, sagte Trennion zu den erstaunten Besuchern, »um – nun, um ganz sicher zu sein.«

Er blickte wieder auf die Tasche, machte aber keine Anstalten, sie zu öffnen.

»Nun!« Der ungeduldige Ausruf kam von Lady Wensley.

Trennion sah sie an, als dachte er an etwas ganz anderes.

»Gut! Ich hoffe, es ist gut«, sagte er endlich und öffnete die Tasche. Im Inneren lag eine hauchdünne Spitzenhülle. Vorsichtig hob er sie an. Zwischen den Falten der Spitze lag schimmernd der Gürtel der Königin von Saba.

»Mein Gott!« Ronald Grey drehte sich mit gequältem Gesicht zu der Frau um, die er liebte.

»Ronny … ich bin unschuldig! Ich weiß … ich weiß darüber überhaupt nichts!«

Grey nahm das halb besinnungslose Mädchen in seine Arme und tröstete es mit einigen erstickten Worten. Er war benommen und verwirrt, doch er zweifelte nicht an ihr.

Was Trennion betraf, so hätte sich diese Szene auch tausend Meilen entfernt abspielen können, so wenig nahm er von ihr Notiz.

»Ich glaube, diese Tasche brauche ich nicht mehr«, sagte er ruhig.

Anna sah ihn eifrig an. »Was werden Sie nun tun? Ihre Pflicht, hoffe ich?«

»Das kann man nie wissen«, sagte Trennion vage.

»Sie werden sie festnehmen müssen, nicht wahr?«

Es gab keinen Zweifel an der Leidenschaft in der Stimme der Frau, und Ronald drehte sich beinahe wild zu ihr um.

»Anna! Hast du kein Herz? Kannst du nicht ein bisschen Mitleid zeigen? Sie ist unschuldig. Mein Gott! Du weißt, dass sie unschuldig ist!«

Sie lachte; ein kleiner, plätschernder Laut, der echte Fröhlichkeit zum Ausdruck brachte.

»Mein lieber, guter Ronald – voila!« Sie zeigte auf den Gürtel.

Trennion unterbrach sie.

»Ich denke, wenn Sie mit Miss Douglas sprechen könnten; möglicherweise gibt es eine Erklärung. Versuchen Sie zu erreichen, dass sie sich an die Umstände erinnert.«

Im Plauderton wandte er sich an Lady Wensley, um Zeit für das nun weinende Mädchen zu gewinnen.

»139 Pfund«, sagte er leichthin. »Das ist ein respektables Gewicht für so eine zierliche Person, Lady Wensley.«

»Es waren aber nicht 139 Pfund, Mr. Trennion«, sagte Anna im gleichen Ton. »Es waren 127 Pfund, wissen Sie?«

In diesem Moment, als der letzte in ihr verbliebene Rest von Güte versuchte, ihr falsches Spiel aufzudecken, war seine Freundschaft besonders tröstlich.

»139, denke ich«, sagte Claude.

»Seien Sie nicht dumm, Mr. Trennion. Ich kann es beweisen – kommen Sie her.«

Sie trat auf die Waage und Trennion schob das Gewicht auf den Stahlarm. Dann wandte er sich an die Liebenden.

»Haben Sie eine mögliche Erklärung gefunden?«, fragte er.

»Ich … ich kann keine anbieten.«

»Ich hatte auch nicht damit gerechnet.«

Er legte die Hand auf die Klingel.

Ronald Grey war so weiß wie das Mädchen an seiner Seite.

»Was werden Sie nun tun?«, fragte er.

»Ich schicke nach einem Beamten.«

»Ronald!« Marjorie umklammerte seinen Arm. Lady Wensleys schleppende Stimme erschütterte sie bis ins Innere.

»Lieber Mr. Trennion, ich glaube, das ist furchtbar nett von Ihnen. Ich weiß, wie Sie sich fühlen, aber man hat auch eine Pflicht gegenüber der Gesellschaft und all diese Sachen, und Pflichten können äußerst schmerzhaft sein.«

»Das sind sie«, sagte Trennion teilnahmslos. »Sehr schmerzhaft.« Und dann, an den Beamten, der gerade eingetreten war, gewandt: »Bringen Sie diese Tasche in Miss Douglas' Taxi.«

Er trat auf das Liebespaar zu, nahm die Hand des Mädchens in die seine und sagte freundlich:

»Es tut mir so leid, dass ich Ihnen so viel Mühe gemacht

habe. Bitte beenden Sie Ihren Urlaub in Devonshire, es ist ein herrlicher Ort.«

»Warum … Nehmen Sie mich denn nicht fest?«, fragte das erschrockene Mädchen.

Trennion lächelte.

»Nein, warum auch? Möchten Sie festgenommen werden?«

»Aber der Gürtel – ich muss doch von dieser schrecklichen Anschuldigung freigesprochen werden.«

»Oh, Sie sind bereits freigesprochen.«

»Freigesprochen!«

»Ja. Sie glauben doch nicht, ich würde Sie wegschicken, wenn ich glaubte, Sie wären schuldig? Ich … halten Sie sie!«

Das erschöpfte Mädchen taumelte und wäre gefallen, hätte Trennion seine Warnung nicht rechtzeitig ausgesprochen.

Sie nahm sich zusammen und zwang sich, zu sprechen.

»Es geht mir gut – es war nur ein wenig … ein wenig plötzlich.« Sie lächelte kläglich. »Wie kann ich Ihnen danken, Mr. Trennion?«

»Bitte nicht – gehen Sie und genießen Sie Devonshire.«

Doch Lady Wensley hatte ihre Stimme wiedergefunden.

»Mr. Trennion – was soll das bedeuten? Ich werde mich an dieser Perversion der Gerechtigkeit nicht beteiligen.«

Der Superintendent lächelte schief.

»Keine Sorge, Lady Wensley, das brauchen Sie nicht. Marjorie, ich bin sicher, dass Ihr Taxi wartet. Lassen Sie sich von uns nicht aufhalten.«

Er drängte sie fast aus dem Zimmer und stellte sich dann dem scharfen Blick der Frau.

»Davon werden Sie noch hören, Mr. Trennion.«

Sie sprach schnell, schmerzerfüllt. Sie sah, wie ihr schöner Plan zusammenbrach, so hasserfüllt er auch gewesen war.

Sie lief schnell zur Tür und wäre verschwunden, doch er versperrte ihr den Weg.

»Warten Sie bitte noch eine Minute, Lady Wensley.« Die Stimme des jungen Mannes war glatt und überzeugend.

»Sie werden mich nicht überreden«, tobte sie. »Ich werde

direkt zur nächsten Zeitungsredaktion gehen und die Geschichte erzählen.«

»Ah, dann würden Sie Ihren Zug verpassen«, sagte der unerschütterliche Detektiv. »Wenn ich Ihnen etwas raten darf, fahren Sie direkt nach Wensley und vergessen Sie diese elende Angelegenheit.«

»Wie können Sie es wagen, mir einen Rat zu geben!« Sie war fast kopflos vor Zorn. »Aber natürlich erkenne ich Ihre Absicht. Sie haben gute Gründe dafür, dass die Sache vergessen wird. Doch wenn es ein Gesetz in England gibt, dann soll sie leiden. Sie werden diese Angelegenheit nicht vertuschen.«

»Tatsächlich liegt mir wenig daran, gewöhnliche Verbrechen zu vertuschen; allerdings ist dies kein gewöhnliches Verbrechen.«

Er nahm den Gürtel vom Tisch und wog ihn nachdenklich in einer Hand.

»Hier ist der Gürtel«, fuhr er fort. »Ein schöner, schwerer Gürtel. Er muss sehr schwer für Sie gewesen sein.«

»Für ... für mich? Was wollen Sie denn damit sagen?«

»Als Sie heute Morgen hierher kamen, trugen Sie ihn am Körper. Sie wussten, dass Marjories Tasche hier war, denn Sie telegrafierten mir, sie sicherzustellen; und da Ihre bisherigen Bemühungen ein Fehlschlag waren, hofften Sie auf eine Möglichkeit, ihn hier in der Tasche zu verstauen.«

»Wie können Sie es wagen!«

Doch der Superintendent fuhr fort, als ob sie nichts gesagt hätte.

»Die Gelegenheit kam, als ich Ihnen ein Glas Wasser holte – da machten Sie einen Fehler. Sie haben die Tasche nicht wieder verschlossen.«

»Oh, das ist schändlich«, schnappte die wütende Frau. »Beweisen Sie es, beweisen Sie es! Das können Sie nämlich nicht.«

»Ich kann alles beweisen; allerdings gibt es gewisse Dinge, die wir nicht beweisen wollen.«

»Für diese Beleidigung werden Sie bezahlen.«

»Lady Wensley, hören Sie mir zu.« Seine Stimme war fest; er

hatte den scherzhaften Ton fallengelassen. »Zu Ihrem ahnungslosen Vergnügen und auf Ihren Wunsch hin wog ich Sie, als Sie hereinkamen. Sie wogen 127 Pfund. Zu meiner eigenen Information veranlasste ich Sie, sich erneut wiegen zu lassen – *nachdem* der Gürtel gefunden worden war.«

»Ah!« Ein Ausdruck des Entsetzens trat in die schönen, unverschämten Augen und er fuhr fort:

»Nun wogen Sie 120,5 Pfund – Sie hatten in einer Viertelstunde sechseinhalb Pfund verloren. Lady Wensley, dieser Gürtel wiegt sechseinhalb Pfund.«

»Was für ein Narr … oh, was für ein Narr!« Die Worte waren eher geflüstert als gesprochen, und der Schrecken hatte sich noch tiefer in ihre Augen gegraben.

»Es ist sehr einfach, nicht wahr?«, sagte Claude freundlich. »Doch ich wiederhole, es gibt einige Dinge, die wir nicht beweisen wollen. Ich glaube, Sie müssen den 12:45 Uhr-Zug erreichen, Lady Wensley. Nun, ich denke, Sie finden den Weg hinaus, Sie brauchen nicht auf Cole zu warten. Die Treppe ist am Ende des Korridors. Auf Wiedersehen, es hat uns gefreut, dass wir die Angelegenheit regeln konnten. Ich hoffe, Sie haben eine angenehme Reise – schöner Tag heute, nicht wahr?«

Er sah der schwankenden Gestalt nach, bis sie in den zur Treppe führenden Seitengang eingebogen war, dann kehrte er an seinen Schreibtisch zurück und starrte auf den Gürtel.

»Eigenartige Geschöpfe, diese Frauen«, sagte er. »Die Königin von Saba – Anna Wensley – äußerst eigenartig.«

Außerdem erschienen
in der Reihe der

Taschenschmöker aus Vergangenheit und Gegenwart

Alexandre Dumas: El Salteador

212 Seiten – ISBN 978-3-943275-07-0

Eine Räuberbande in der spanischen Sierra Nevada versetzte Reisende in Angst und Schrecken. Angeführt werden sie von einem geheimnisvollen Mann, den man aus lauter Ehrfurcht nur *El Salteador* nennt. Als eines Tages der ehrenwerte Don Inigo Velasco de Haro und dessen Tochter in seine Hände fallen, ist dieser von deren Tapferkeit so beeindruckt, dass er sich ihnen gegenüber offenbart und sie wieder freigibt. Don Inigo verspricht dem Salteador, sich für ihn beim König einzusetzen; doch wird er dieses Versprechen auch halten können? Längst sind auch schon des Königs Häscher der Bande auf der Spur. Es beginnt ein dramatischer Wettlauf mit der Zeit

Alexandre Dumas: Eine Amazone

132 Seiten – ISBN 978-3-943275-01-8

Eine Amazone: Die Geschichte Edouards und seiner Liebschaft zur geheimnisvollen Hermine, die, wie sich bald zeigt, ganz anders ist als all die anderen Frauen, die er bisher kennengelernt hat. Um zu ihr zu gelangen, muss er Abend für Abend sein Leben aufs Spiel setzen. Trotz dieses Nervenkitzels kommt es, wie es kommen muss, Edouard beginnt sich irgendwann in der Beziehung zu langweilen und schließt sich wieder seinen alten Freunden an; mit recht fatalen Folgen.
Marie Dorval: Die Geschichte schildert in eindrucksvollen Bildern das letzte leidvolle Lebensjahr der bekannten französischen Schauspielerin Marie Dorval und dessen Auswirkungen auf das Leben ihrer Familie. Nach dem Tod ihres Enkels verliert sie all ihren Lebenswillen und hat nur noch einen letzten Wunsch … In einer kleinen Nebenrolle tritt auch der Autor höchstpersönlich auf.

In gleicher Ausstattung sind die folgenden Bände erschienen:

Taschenschmöker aus Vergangenheit und Gegenwart

In der Reihe Taschenschmöker aus Vergangenheit und Gegenwart erscheinen Werke der klassischen Unterhaltungsliteratur, die seit vielen Jahrzehnten nicht mehr, oder noch niemals in deutscher Sprache verlegt worden sind.

1	*Jules Verne / Michel Verne*	Der Humbug Vier Erzählungen
2	*Alexandre Dumas*	Eine Amazone Zwei Erzählungen
3	*Gustave Aimard*	Eine mexikanische Rache Eine Erzählung aus dem wilden Mexiko
4	*Jules Verne*	Der Weg nach Frankreich Ein Roman
5	*Friedrich J. Pajeken*	In Sturm und Not Eine Erzählung
6	*Jules Verne*	Der Graf von Chanteleine Eine Episode aus der Revolutionszeit
7	*Jules Verne / Emilio Salgari / Karl May u. a.*	Ein Drama in den Lüften Erzählungen aus luftigen Höhen
8	*Alexandre Dumas*	El Salteador Ein Roman aus der Zeit Karls V.
9	*Emilio Salgari*	In der Eiswüste Erzählungen aus arktischen Regionen
10	*Sir John Retcliffe*	Das tote Haus Eine Novelle aus Düsseldorfs Vorzeit
11	*Gustave Aimard*	Der Löwe der Wildnis Zwei Erzählungen aus dem wilden Mexiko
12	*Sir John Retcliffe*	Der letzte Wäringer Hist. Novelle a. d. Tagen d. Eroberung Konstantinopels
13	*Emilio Salgari*	Die Rose vom Dong-Giang Eine abenteuerliche Novelle aus Cochinchina
14	*François-Édouard Raynal*	Die Schiffbrüchigen Zwanzig Monate auf einem Riff der Aucklandinseln
15	*Alexandre Dumas*	Die Taube Ein Briefroman
16	*Edgar Wallace*	Der Geist von Down Hill Zwei Kriminalkurzromane
17	*Sir John Retcliffe*	Nach Cayenne! Eine historisch-politische Novelle

– Weitere Bände in Vorbereitung –